부처의 생각을 해야
부처가 됩니다

대한불교조계종
제12회 신행수기 공모 당선작

부처의 생각을 해야 부처가 됩니다

조계종
출판사

| **치사**致詞 |

신행이 이어지는 한,
불법은 결코 사라지지 않습니다

존경하는 사부대중 여러분,
어느덧 세상의 이치대로 완연한 가을에 접어들었습니다.
다채로운 색이 만연한 정취 속에서 중앙신도회와 〈법보신문〉,
BBS불교방송이 함께하는 제12회 조계종 신행수기 공모전이
원만히 회향하게 된 것을 진심으로 축하드립니다.

신행수기 공모전은 부처님 가르침이 우리 불자들의 일상 속에서
살아 숨 쉬고 있음을 증명하는 '현대의 경전'이라 할 수 있습니다.
한 분 한 분의 신행 체험은 곧 부처님 법을 오늘 이 시대에 다시 쓰는
성스러운 여정입니다.

특히, 오늘 공모전 총무원장상으로 선정된 김상희 불자님의

〈응무소주의 기저귀〉는 자체로 신행의 빛나는 증언이었습니다.
67세의 나이로 요양보호사가 되어 냄새와 피로,
죽음과 마주하는 현장을 수행의 도량으로 바꾸신 그 삶은
바로 응무소주 이생기심(應無所住 而生其心),
즉 "머무는 바 없이 그 마음을 내라"는 금강경의 가르침을
몸으로 실천한 진정한 신행의 길이었습니다.

부처님께서는 일체중생 개유불성(一切衆生 皆有佛性)이라
하셨습니다.
오늘 신행수기 공모전에 수상하시는 분들이 바로
그 진리를 증명한 삶입니다. 그 모습 속에서 우리는
무상(無常)을 배우고, 무아(無我)를 체득하며,
자비(慈悲)를 깨닫게 됩니다.

불교는 결코 법당 안에만 머무는 신앙이 아닙니다.
기도와 독송이 중요한 만큼, 삶의 현장에서 미소 짓는 한 순간,
누군가의 손을 잡아주는 한 동작이 곧 수행이 됩니다.
그것이 생활 속 불교, 현대의 신행이며,
바로 이 공모전이 추구해온 뜻이기도 합니다.

오늘 수상하신 한 분 한 분께 깊은 축하와 경의를 드립니다.

여러분의 글 한 편 한 편이 불법을 세상 속에 피워내는 연꽃이요,
고통 속의 이들에게는 위로의 등불이 되었습니다.
여러분이 바로 부처님의 제자요, 이 시대의 보살입니다.
지속적으로 신행이 이어지는 한,
불법은 결코 사라지지 않을 것입니다.

여러분의 삶은 바로 선명상(禪明想) 정신과도 맞닿아 있습니다.
부디 오늘의 영광에 머물지 마시고,
고요한 마음으로 스스로를 관(照)하며
자신의 행(行)과 언(言), 그리고 마음의 일거수일투족을
비추어 보는 수행을 통해 그 깨달음의 길을
일상 속에서 더욱 밝히시길 바랍니다.

이 뜻깊은 자리를 마련해주신 중앙신도회, 〈법보신문〉,
BBS불교방송 관계자 여러분께 깊이 감사드립니다.
이 대회가 불자들의 신심을 일깨우고,
모든 중생이 부처님 법 안에서 평안을 얻는
계기가 되기를 발원합니다.

대한불교조계종 총무원장 진우

| 인사말 |

깨달음의 향기 가득한 작품들

여러분 반갑습니다.
먼저 제12회 대한불교조계종 신행수기 공모전
시상을 위해 참석해주신 총무원장 진우 스님을 비롯한
여러 사부대중께 감사의 인사를 드리며,
올해 공모전에 당선되신 수상자 여러분, 진심으로 축하드립니다.

또한 10년이 넘는 기간 동안 여법하게 공모전을 개최할 수 있도록
애써주신 〈법보신문〉과 불교방송 관계자 여러분,
그리고 용기 있게 자신의 이야기를 들려주신
모든 참가자분들께도 감사드립니다.

오늘 함께하는 작품들에는 수행 정진의 땀과 자비의 실천,
그리고 깨달음의 향기가 스며 있습니다.

개인의 진솔한 신행담은 불자뿐만 아니라
많은 이들에게 공감과 감동으로 다가갈 것이며,
오늘은 다 함께 신행의 기쁨과 깨달음의 순간을 나누는
소중한 자리가 될 것입니다.

앞으로 다양한 불자들의 이야기가 보다 많은 이들에게 닿아
참된 신심과 가피가 이 땅에 널리 퍼지길 기대하며
다시 한 번 수상자 여러분들께 감사와 축하의 말씀을 드립니다.

끝으로 신행수기 공모전이 더욱 발전하여
불자들의 신심 고취와 바람직한 신행 문화에
계속 기여할 수 있도록 발원해봅니다.

대한불교조계종 중앙신도회장 도해 정원주

| 머리글 |

삶으로 증명한 신행의 힘

제12회 조계종 신행수기·발원문 모음집을 독자 여러분께 다시 전하게 됩니다. 한 해를 돌아보며 이 책을 엮을 때마다 느끼는 것은, 부처님 가르침은 언제나 사람의 삶을 통해 비로소 숨을 쉰다는 사실입니다. 화려한 언어로 포장되지 않은, 일상의 자리에서 흘러나온 수행의 기록이기에 더 깊고 더 오래 마음에 머뭅니다. 교학서도, 설법집도 아닌 신행수기가 많은 이들에게 깨달음의 문을 열어주는 이유가 바로 여기에 있습니다.

매년 수백 명의 불자들이 자신의 삶을 담담히 내어놓습니다. 누구도 대신 쓸 수 없는 사연, 쉽게 꺼내기 어려운 상처, 그리고 수행을 통해 조금씩 밝아진 마음의 흐름을 진솔하게 들려줍니다. 수상자뿐 아니라 모든 응모자가 한국불교를 지탱하는 넓은 어깨임을 다시금 확인하게 됩니다. 신행수기는 단지 한 개인의 체험이 아니라 대중의 신행이 흐르는 방향을 보여주는 기록이기 때문입니다. 그 정성 하나하나가 이 책의 생명력입니다.

기쁘게도 올해 응모작을 살펴보며 느낀 점은 신행의 내용이 점점 더 깊어지고 있다는 사실입니다. 단순한 기복적 경험이나 일시적 감동을 넘어, 신행과 수행을 삶에서 어떻게 실천했는지에 대한 성찰이 두드러졌습니다. 몸과 마음의 병을 딛고 일어선 이야기, 관계의 어려움 속에서 수행의 길을 모색한 이야기, 숱한 좌절 끝에 다시 부처님 법을 붙들게 된 이유 등이 각자의 언어로 묵직하게 담겼습니다. 이는 한국불교가 여전히 생명력을 잃지 않았다는 증거이며, 올바른 신행이 시대를 넘어 이어질 수 있다는 희망을 보여줍니다.

신행수기·발원문 공모가 12회를 맞았습니나. 짧지 않은 시간이었습니다. 그동안 한국불교의 흐름도 달라졌고, 사회 환경도 크게 변했습니다. 그러나 초발심으로 부처님 법을 찾고, 그 가르침을 삶과 연결하려는 대중의 마음은 한결같았습니다. 신행수기·발원문 모음집은 이러한 변화를 가장 가까운 자리에서 기록해온 작은 연대기이기도 합니다. 세월이 흐를수록 이 기록의 가치는 더욱 선명해질 것입니다.

〈법보신문〉은 언제나 이 공모가 가진 본래의 의미를 지키고자 노력해왔습니다. 해마다 공모를 준비하며 초심을 잊지 않으려 애쓰지만, 때때로 마음이 흔들릴 때도 있습니다. 그러나 한 편 한 편의 응모작을 읽으며 다시 초발심을 배우고, 신행의 길을 걷는 분들이 보내주는 진심에서 새로운 힘을 얻습니다. 이 책은 〈법보신문〉이 만든 결과물이기 전에, 불자 대중이 함께 일군 수행의 결실입니다. 앞으로도 중앙신도회와 불교방송을 비롯한 여러 기관과 협력하여 신행문화가 건강하게 뿌리내릴 수 있도록 힘을 보태겠습니다. 특정한 방향을 강요하거나 보여주기식 행사를 만들기보다는, 각자의 삶에서 자연스럽게 피어나는 수행 이야기를 담아낼 수 있는 장을 넓혀가고자 합니다. 한국불교의 신행문화가 깊어지기 위해서는 제도나 담론보다 먼저 한 사람의 진실한 경험이 존중받고 서로에게 배움이 되는 과정이 필요하다고 믿습니다.

이 책을 펼치는 독자들께서도 누군가의 체험 속에서 작은 울림을 발견하시길 바랍니다. 마음이 지치거나 길을 잃었다고 느낄 때, 신행수기는 조용한 등불처럼 다시 방향을 잡을 수 있게 도와줄 것입니다. 여기에 실린 한 편의 글이 또 다른 신심의 인연을 열어주기를 소망합니다.

이 모음집이 만들어지기까지 정성을 다해주신 모든 분께 깊은 감사를 드립니다. 무엇보다 자신의 삶을 내어 글로 남겨주신 응모자 여러분께 존경의 마음을 전합니다.

여러분의 이야기가 한국불교의 내일을 밝히는 작은 불씨가 되길 바랍니다.

법보신문 대표 이재형

| 차례 |

2부 —— 번뇌를 내려놓는 수행

3부 —— 지혜의 거울은 뚜렷이 밝아

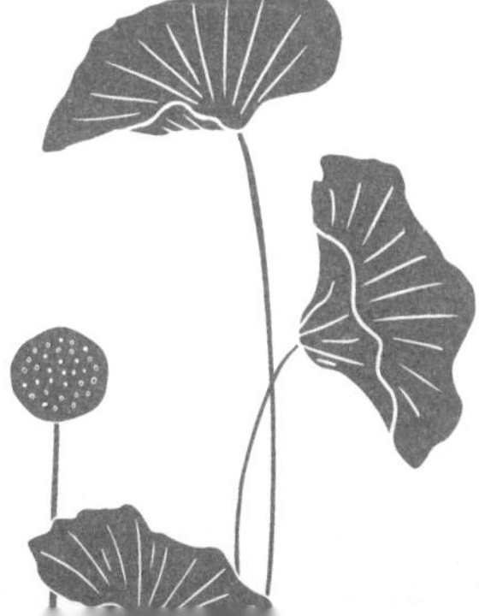

1부

집착하지 말고 사랑하라

이런 까닭으로 수보리야,

모든 보살마하살은 응당 이와 같이 청정한 마음을 낼지니

응당 색에 머물러서 마음을 내지 말며

성향미촉법에 머물러서 마음을 내지 말지니

응당 머무는 바 없이 그 마음을 내라.

_『금강경』

총무원장상

응무소주의 기저귀

청정심 김상희

진짜 신행을 찾아서

2019년 3월 5일 월요일. 67세의 나이로 처음 요양보호사 자격증을 들고 장기요양기관에 출근한 날이다. 불안과 설렘이 교차했다. 평생 가정주부로 살며 가족을 돌보고 최근 10년간은 손주 돌보기와 절 다니기로 소일했던 내가 생전 처음 직장이라는 곳에 나선다는 것이 쉬운 결정은 아니었다.

"엄마! 이제 와서 왜 힘든 일을 시작하려고 하세요. 편히 지내셔야지요!"

딸의 만류에도 고집을 부린 이유는 단순했다. 매일 절에서 108배 하고 『금강경』 독송하며 기도만 하는 것이 진짜 신행일까 하는 의문이 들었기 때문이다. 부처님께서도 걸식하며 중생 속으로 들어가셨는데 나는 왜 법당 안에만 머물러 있을까?

첫날 배정받은 어르신은 치매 3등급 할머니였다. 선임 요양보호사가 기저귀 교체 시범을 보여주었다. 순간 역한 냄새가 코를 찔렀다. 나도 모르게 인상이 찌푸려졌다.

"처음엔 다들 그래요 익숙해지면 괜찮아져요!!"

선임의 위로가 무색하게 구역질이 올라왔다. 화장실로 뛰어가 헛구역질을 하는데 눈물이 났다. '내가 무슨 부처님 제자라고. 똥 냄새 하나에 이렇게 흔들리면서!!'

그날 밤, 집에 돌아와 『금강경』을 펼쳤다. 평소처럼 독송하려다 한 구절에서 멈췄다.

"응무소주 이생기심. 마땅히 머무는 바 없이 그 마음을 내라."

수백 번도 더 읽었을 구절인데 그날따라 다르게 다가왔다. '머무는 바 없이'. 내가 똥 냄새에 머물러 있었구나. 깨끗함과 더러움이라는 상에 갇혀 있었구나.

『금강경』에 비법이 있다

다음 날 출근길. 나는 그 구절을 되뇌며 요양원 문을 들어섰다. 오늘도 어김없이 기저귀를 갈아야 할 시간이 왔다. 숨을 깊이 들이쉬고 마음속으로 염불했다.

'응무소주 이생기심. 응무소주 이생기심!'

신기하게도 냄새가 덜 역겨웠다. 아니, 정확히는 냄새는 그대로인데 내 마음이 덜 흔들렸다. 기저귀를 갈아드리자 할머니가 환하게 웃으셨다.

"고맙다. 고마워…."

그 미소가 천진불처럼 느껴졌다.

3개월이 지나자 나는 요양원의 똥 전문가가 되었다. 농담이 아니다. 변의 색깔과 모양으로 어르신들의 건강 상태를 파악할 수 있게 되었고, 가장 빠르고 정확하게 기저귀를 교체하는 사람이 되었다.

"김 선생님은 똥 냄새도 안 나나 봐요. 어떻게 이렇게 표정 하나 안 변해요?"

동료의 질문에 나는 웃으며 답했다.

"『금강경』에 비법이 있어요. '응무소주'라고!!!"

처음엔 농담인 줄 알았던 동료들도 내가 매일 아침 출근 전 주차장에서 합장하고 일 배 하는 모습을 보고는 진심을 알아주었다. 어떤 날은 함께 합장해주기도 했다.

요양원 3층 치매 병동은 특히 힘든 곳이었다. 폭력적인 어르신, 욕설을 퍼붓는 어르신, 밤새 소리 지르는 어르신…. 처음엔 이곳이 지옥이구나 싶었다. 그러나 시간이 지나며 깨달았다. 이분들이야말로 가장 큰 고통 속에 있는 중생들이라는 것을.

가장 기억에 남는 분은 박 할아버지였다. 전직 대학교수였다는 그분은 치매로 모든 기억을 잃었지만, 가끔 정신이 돌아올 때면 자신의 처지를 비관하며 울곤 했다.

"나 같은 인간은 죽는 게 나아. 차라리 죽여줘!!"

어느 날, 할아버지가 또 그런 말씀을 하실 때 내가 조용히 말했다.

"할아버지, 『금강경』에 이런 말이 있어요. '범소유상 개시허망'. 모든 형상은 다 허망한 거래요. 지금 이 아픈 것도, 기억 잃은 것도 다 지나갈 거예요!!!"

할아버지가 멍하니 나를 바라보셨다. 그러고는 갑자기 또렷한 목소리로 말씀하셨다.

"그래. 색즉시공이지. 내가 너무 나라는 것에 집착했구나!!"

그날 이후 할아버지는 조금씩 평온해지셨다. 완전히 낫지는 않았지만 적어도 "죽고 싶다"는 말은 하지 않으셨다

돌아가시기 전날, 할아버지가 내 손을 잡고 말씀하셨다.

"보살님 고마워. 나는 부처님 곁으로 가는 거죠?"

"그럼요. 할아버지, 편안히 가세요!!"

다음 날 새벽, 할아버지는 평온한 얼굴로 눈을 감으셨다.

무상, 무아, 회향을 가르쳐준 스승들

4년째 요양보호사로 일하면서 수많은 어르신을 만났고 그분들 덕에 깨달았다. 그분들이 나의 스승이라는 것을.

치매에 걸린 어르신들을 보며 무상을 배웠다. 한때는 판사였고, 의사였고, 교사였던 분들이 이제는 자신의 이름조차 기억하지 못한다. 그 무상함 앞에서 내가 붙잡고 있던 자존심이니 체면이니 하는 것들이 얼마나 부질없는지 알게 되었다.

거동이 불편한 어르신들을 보면서는 무아를 배웠다. 내 몸이라고 생각했던 것이 사실은 인연 따라 잠시 모인 것일 뿐, 내 마음대로 되는 것이 아니었다.

임종을 앞둔 어르신들을 보며 회향을 배웠다. 떠나는 순간에도 자식 걱정, 배우자 걱정을 하시는 모습에서 진정한 보시가 무엇인지 보았다.

어느 날, 한 할머니가 화장실에서 넘어지셨다. 급히 달려가 보니 변을 흘리고 울고 계셨다.

"죽고 싶어. 이렇게 살아서 뭐 해!"

나는 할머니를 안아 일으키며 말했다.

"할머니, 제가 깨끗이 씻겨드릴게요. 걱정 마세요."

옷을 벗기고 씻겨드리는 동안 계속 '관세음보살' 정근을 했다. 그때 문득 깨달았다. 지금 이 순간 할머니에게는 내가 관세음보살이구나. 그리고 고통 속에서도 살아가시는 할머니가 나에게는 관세음보살이구나.

깨끗이 씻기고 새 옷을 입혀드리자 할머니가 내 손을 꼭 잡으셨다.

"딸 같아. 고마워. 부처님이 보낸 사람 같아!!"

그 말에 눈물이 왈칵 쏟아졌다.

20년 전 돌아가신 우리 어머니가 떠올랐다. 어머니도 마지막에는 요양원에 계셨는데, 그때는 자주 찾아뵙지 못해 늘 죄송한 마음이 있다.

'어머니, 제가 이제야 알았어요. 어머니 못 모신 것 이렇게라도 갚고 있어요.'

죽음은 끝이 아닌 시작

2020년, 코로나19가 왔다. 요양원은 그야말로 전쟁터가 되었다. 면회 금지, 외출 금지로 어르신들은 갇힌 새처럼 불안해하셨다. 확진자가 발생했을 때는 모두가 공포에 떨었다.

나도 확진되었다. 열흘간 격리되어 있으면서 죽음이 이렇게 가까이 있구나 실감했다. 다행히 회복했지만 요양원으로 복귀했을 때 여섯 분이 돌아가신 뒤였다.

"김 선생님이 안 오셔서 마지막에 김 선생님을 찾으셨어요."

동료의 말에 가슴이 무너졌다. 그분들께 마지막 기도라도 해드리지 못한 것이 한이 되었다.

그날부터 나는 매일 오늘이 마지막일 수도 있다는 마음으로 어르신들을 대했다. 기저귀를 갈 때도, 밥을 먹여드릴 때도, 그저 손을 잡아드릴 때도. '할머니 사랑해요. 할아버지 고생 많으셨어요. 오늘도 살아 계셔서 감사해요.'

요양보호사를 하면서 신기한 경험도 많이 했다. 한번은 새벽 근무 중에 할머니가 갑자기 "저기 빛이 보여. 부처님이 오셨어."라고 하시더니 며칠 후 편안히 돌아가셨다. 또 다른 할아버지는 돌아가시기 전날 "내일 아침에 갈 거야. 준비됐어."라고 말씀하시고는 정말로 다음 날 새벽에 눈을 감으셨다. 어떤 할머니는 평소 말씀이 없으시다가 임종 직전에 갑자기 "나무아미타불." 염불을 하셨다. 가족들도 놀랐다. 불교 신자가 아니었다고 했는데 어디서 배우셨는지 정확한 염불을 하시다가 떠나셨다.

이런 일들을 겪으며 생각했다. 죽음은 끝이 아니라 또 다른 시작이구나. 그래서 임종을 앞둔 어르신들께 항상 속으로 축원을 한다. '부처님 나라에서 다시 만나요.' '그곳에서는 아프지 마시고 편

안하세요.'

작년부터는 동료 요양보호사들과 작은 기도 모임을 만들어 매주 수요일 점심시간에 15분씩 모여 기도한다. 종교는 다 다르지만 어르신들의 평안을 비는 마음은 같았다.

"오늘은 3층 이 할머니가 많이 힘들어하셨어요. 기도해주세요."

"5층 박 할아버지가 내일 수술이래요. 무사히 끝나기를!"

우리의 기도가 얼마나 힘이 될지 모르지만, 적어도 우리의 마음은 평온해졌다. 그리고 신기하게도 기도한 다음 날은 어르신들이 더 편안해 보였다.

기독교 신자인 한 동료가 말했다.

"언니, 저도 이제 '응무소주' 뜻을 알 것 같아요. 하느님도 부처님도 결국 같은 말씀 하시는 거죠? 집착하지 말고 사랑하라고."

똥 냄새에도 머물지 말고, 칭찬에도 머물지 말고

어느덧 나는 73세가 되었다. 언제까지 이 일을 할 수 있을지 모른다. 그러나 할 수 있는 날까지 계속하고 싶다.

매일 아침 요양원 주차장에서 합장 일 배를 하고 들어간다. 엘리베이터 안에서는 '응무소주 이생기심'을 세 번 외운다. 어르신들을 만나면 먼저 눈을 맞추고 미소 짓는다. 기저귀를 갈 때는 여전히 그 구절을 되뇐다. 이제는 냄새가 전혀 거슬리지 않는다. 아니, 오히려 고맙다. 이 냄새가 나에게 '매 순간 머무르지 말라'고 가르쳐주니까.

한 젊은 요양보호사가 물었다.

"선생님, 어떻게 그렇게 늘 밝으세요? 이 일이 힘들지 않으세요?"

나는 웃으며 답했다.

"『금강경』 한 줄만 외워봐. '응무소주 이생기심'. 똥 냄새에도 머물지 말고, 칭찬에도 머물지 말고, 그저 지금 이 순간 할 일을 하는 거야. 그럼 어느새 기저귀가 연꽃으로 보일 거야!"

지난주 5년간 돌보던 김 할머니가 돌아가셨다. 마지막까지도 "고마워, 보살님."이라고 하시며 눈을 감으셨다.

장례식장에서 할머니 아들이 내게 와서 절을 했다.

"어머니가 선생님을 친딸처럼 여기셨어요. 저희보다 선생님을 더 기다리셨죠. 정말 감사합니다."

집에 돌아와 할머니를 위해 『금강경』을 독송했다. 그리고 발원했다.

'김 할머니 극락왕생하세요. 다음 생에는 건강한 몸으로 태어나 부처님 법 만나시길!'

이제 나는 안다. 요양원이 곧 도량이고 기저귀 가는 일이 곧 수행이라는 것을. 어르신들이 모두 나의 스승이고 부처님이라는 것을.

부처님, 감사합니다.

또 기저귀를 통해 『금강경』을 가르쳐주셔서.

냄새를 통해 무상을 보여주셔서.

어르신들을 통해 자비를 배우게 해주셔서.

이 몸이 허락하는 날까지 기꺼이 기저귀를 갈겠습니다.

응무소주의 마음으로, 매 순간 새롭게 태어나는 마음으로.

원하옵건대 이 작은 공덕이 모든 어르신들께 회향되어

그분들 모두 평안하시길.

고통에서 벗어나시고 극락왕생하시길.

그리고 언젠가 저도 요양원 침대에 누울 때

누군가 제게도 『금강경』 한 줄 들려주시길.

나무 석가모니불

나무 석가모니불

나무 시아본사 석가모니불.

호계원장상

마음의 등불을 밝히는 원력:
상처 입은 치유자의 전법(傳法) 수기

–

여연화 서연하

이 아픔을 통해
무엇을 볼 것인가?

시방삼세에 상주하시는 부처님께 두 손 모아 귀의하옵니다. 어둡고 그늘진 곳에 자비의 등불을 밝히고자 서원하신 '조계종 전국여성불자 교정교화회' 도반님들과 함께 걸어온 미력한 실천의 길을 참회하는 마음으로 기록하고자 합니다.

*

이 길의 시작에는 깊은 상처와 발원이 있었다. 나는 선천적인 난임으로 아이를 가질 수 없었고, 그로 인한 아픔은 결국 이혼이라는 현실로 이어졌다. 여성으로서, 한 인간으로서 존재의 이유를

송두리째 부정당하는 듯한 고통 속에서 나는 깊은 어둠의 시간을 보내야 했다.

자식 없는 삶, 세상의 기준으로 실패한 듯한 내 모습은 스스로를 옭아매는 거대한 업(業)처럼 느껴졌다. 하지만 꺼져가는 불씨 같은 마음속에서 하나의 의문이 피어올랐다. '이 고통은 그저 나를 무너뜨리기 위한 것인가? 아니면 이 아픔을 통해 다른 무언가를 보게 하려는 부처님의 뜻인가?'

나는 내 상처를 끌어안고 세상의 다른 아픔을 향해 눈을 돌리기로 마음먹었다. '상처 입은 치유자'가 되기로 서원한 것이다. 상담학과 문화예술치유를 공부하며 타인의 마음을 이해하는 법을 배웠고, 그 배움을 실천할 자리로 교정시설의 아이들을 선택했다.

매주 일요일, 서울소년원의 높은 담장과 화성시 청소년창업비전센터의 굳게 닫힌 문 앞으로 향하는 나의 발걸음은 단순한 봉사가 아니었다. 그것은 내 삶의 의미를 찾아가는 구도의 여정이었고, 부서진 마음을 일으켜 세우는 간절한 수행이었다. 그곳에서 나는 부처님께서 말씀하신 '일체중생 실유불성(一切衆生 悉有佛性)'의 진리를 더욱 절실하게 마주했다. 세상의 편견과 상처로 얼룩진 아이들의 위태로운 눈빛 속에서, 나는 아픔으로 몸부림치던 과거의 내 모습을 보았고, 그럼에도 불구하고 그 안에 숨 쉬고 있는 청정한 불성을 발견하곤 했다.

한 걸음 떨어져 바라보는 힘

내가 처음 만난 아이들의 마음은 가시 돋친 철옹성과 같았다. 세상에 대한 불신과 원망, 자책과 포기로 걸어 잠근 마음의 빗장은 누구의 접근도 허락하지 않았다. 나 또한 다른 이들에게 부정당했다 느꼈을 때, 그저 세상이 원망스러워서 '누구 하나만 걸려라. 내 화를 쏟아주리라.' 하며 마음속에 불덩이를 안고 살았다. 그렇기에 어른들의 선부른 충고나 가르침은 공허한 메아리일 뿐, 내면 깊은 곳까지 닿지 못했다. 그 모습은 거친 풍랑이 몰아치는 바다와 같아, 한순간의 고요함도 찾아볼 수 없었다.

나는 이것이 바로 부처님께서 말씀하신 '고(苦)의 현실'이며, 탐(貪), 진(瞋), 치(癡) 삼독(三毒)의 불길이 마음을 태우고 있는 생생한 현장임을 직감했다. 맑고 깨끗한 본래 성품을 잃어버린 채 괴로움의 바다에서 허우적거리는 아이들에게 필요한 것은 또 하나의 규율이나 가르침이 아니라, 스스로 자신의 마음을 들여다보고 고통의 근원을 소멸시킬 수 있는 '방편(方便)'이었다.

나는 아이들에게 불법(佛法)을 직접 설하지 않았다. 대신, 조계종의 수행 전통에 따라 부처님의 가르침이 오롯이 담긴 두 가지 수행법, 바로 '명상'과 '멘토링을 통한 글쓰기'를 조심스럽게 꺼내놓았다. 특히 명상은 들끓는 마음을 잠재우고 자신의 내면을 고요히 관(觀)하는 '지관(止觀) 수행'의 핵심이었다.

아이들에게 편안히 앉아 눈을 감고, 다른 모든 것을 내려놓은 채 오직 자신의 호흡에만 집중하도록 이끌었다. 처음에는 5분도 채 앉아 있지 못하고 몸을 비틀거나 잠에 드는 아이들이 대부분이었다. "이걸 왜 해야 해요?", "답답해 죽겠어요."라며 거칠게 항의하는 아이들도 있었다. 그럴 때마다 나는 다그치거나 강요하는 대신, 처음 명상을 했을 때의 내 모습을 떠올리며 '어른인 나도 힘들었는데 아이들은 오죽할까?' 하는 마음으로, 고민 끝에 아이들에게 온열 안대를 주고 그 시간만큼은 눈의 피로를 풀고 심신의 편안함을 갖도록 해주었다. 그리고 그저 묵묵히 함께 앉아 기다렸다. 들숨과 날숨이 코끝을 스치는 감각을 느끼며, '지금 이 순간' 오롯이 '여기 있음을 알아차리는 연습'을 매주 일요일마다 반복했다.

시간이 흐르면서 얼어붙었던 마음에 아주 작은 균열 같은 변화가 시작되었다. 쉴 새 없이 떠오르던 분노와 원망, 불안한 생각들을 한 걸음 떨어져 그저 '생각일 뿐'이라며 바라보는 힘이 생긴 것이다. 통제 불가능한 원숭이 같던 마음(심원, 心猿)의 고삐를 쥐고, 자신의 감정과 생각의 주인이 되는 법을 아주 조금씩 터득하기 시작했다. 한 아이는 명상이 끝난 후, "처음으로 아무 생각도 하지 않았는데, 머리가 아니라 가슴이 편안했어요."라며 수줍게 고백했다. 이는 자신의 마음을 다스리는 첫 성공의 경험이자, 굳게 닫

혔던 마음에 생긴 작은 틈이었다. 그 틈으로 비로소 부처님의 따스한 자비 광명이 스며들 수 있었다.

글쓰기,
진정한 발로참회의 시간

명상이 마음의 파도를 잠재우는 수행이었다면, 멘토링과 함께하는 글쓰기는 마음속 깊은 곳에 쌓인 번뇌의 찌꺼기를 걷어내는 '참회(懺悔)의 과정'이었다. 나는 아이들에게 거창한 주제를 주지 않았다. 자신을 사랑하지 않고 오히려 자기비판을 하는 친구들에게 '나의 장점 찾기'부터 하도록 했다.

첫날은 대부분의 아이들이 장점이 없다며 주변 친구의 것을 보고 썼다. 나는 수업시간 동안 관찰한 아이들의 장점을 한 가지씩 얘기해주었다. "넌 웃는 모습이 멋지더라.", "넌 옆 친구를 잘 배려하더라.", "넌 글씨를 캘리그라피 전문가처럼 잘 쓰더라." 등 장점을 찾아주니 그 말에 덧붙여 스스로의 장점을 찾아나갔다.

그리고 경험한 이야기를 쓸 수 있도록 '가장 화났던 순간의 나에게', '내가 가장 미안한 사람에게 쓰는 편지', '10년 후의 내가 지금의 나에게 하고 싶은 말', '내가 잘할 수 있는 것은 무엇인가?', '나는 앞으로 무슨 일을 하며 살아갈 것인가?' 등, 자신의 내면을 솔직하게 마주할 수 있는 질문을 던지고 일대일로 대화하며 함께 길을 찾았다. 처음에는 욕설을 휘갈기거나 백지를 내는 아이들도 있었다. 하지만 한 글자, 한 문장씩 자신의 이야기를 풀어놓기 시작하면서, 아이들은 스스로를 객관적으로 바라보는 힘을 기르기 시작했다.

글쓰기는 과거의 잘못된 행위, 즉 '업(業)'을 직시하고 그로 인해 고통받았을 타인과 자신을 연민의 마음으로 이해하는 과정이었다. 한 아이는 자신을 버리고 떠난 부모님에 대한 원망을 몇 장에 걸쳐 빼곡히 적어 내려가다가, 글의 마지막에 '그래도 한 번만이라도 보고 싶다.'라고 적으며 눈물을 떨구었다. 또 다른 아이는 자신이 저지른 잘못으로 인해 밤새 눈물 흘리시던 할머니의 주름진 얼굴을 떠올리며, 처음으로 진정한 미안함과 고마움을 글로 표현했다. 이것은 단순한 반성문을 넘어선, 진정한 의미의 발로참회(發露懺悔)였다. 자신의 허물을 진솔하게 드러내고 뉘우침으로써, 업장을 소멸하고 새로운 삶의 씨앗을 심는 거룩한 의식이었다.

나의 아픔과 너의 아픔은 둘이 아니다

이 모든 과정을 통해 나는 늘 스스로에게 물었다. '보살이 된다는 것은 무엇일까? 깨달음이란 과연 무엇일까?' 경전 속의 보살은 위대하고 신비로운 존재였지만, 아이들의 아픔 앞에서 내가 마주한 보살의 모습은 달랐다.

보살이란 자신의 상처를 통해 타인의 상처를 깊이 이해하고, 그 아픔에 기꺼이 동참하는 존재였다. 내 몸으로 아이를 낳아 기르는 인연은 없었지만, 그로 인한 깊은 슬픔이 오히려 세상 모든 아이들을 내 아이처럼 품게 하는 자비심의 뿌리가 되었다. 아이들의 상처 입은 영혼을 보듬는 것은, 과거에 상처받았던 나 자신을 치유하는 과정이기도 했다. 아이들과 내가 나눈 것은 가르침과 배움이 아니라, 서로의 상처를 비추는 거울이 되어 함께 치유의 길을 걷는 '동행'이었다.

깨달음 또한 먼 곳에 있는 신비로운 경지가 아니었다. 깨달음은 증오로 가득했던 아이의 눈빛이 한순간 부드러워지는 찰나에 있었고, 백지를 내던 아이가 처음으로 '미안해'라는 단어를 써 내려가는 순간에 있었다.

나의 아픔과 너의 아픔이 둘이 아니며, 나의 치유와 너의 치유가 서로 연결되어 있음을 깨닫는 것, 이것이 바로 '연기(緣起)'의 진리이며 살아 있는 깨달음이었다.

아이들은 나에게 끝없는 인욕(忍辱)을 가르쳐주는 보살이었고, 나의 자비심을 키워주고 지혜를 일깨워주는 선지식(善知識)이었다. 나는 아이들의 척박한 마음 밭에 작은 씨앗 하나를 심었을 뿐인데, 그 씨앗이 싹을 틔우고 희망의 열매를 맺는 기적을 보며, 모든 공덕은 본래 아이들 안에 내재된 불성(佛性)에서 비롯된 것임을 알 수 있었다.

마음 밭에 뿌린 불성의 씨앗이 열매를 맺도록

이제 아이들은 일요일을 기다리며 나에게 "선생님, 오늘도 명상해요?"라고 먼저 묻곤 한다. 글쓰기 시간을 통해 자신의 꿈을 이야기하고, 세상에 나가 하고 싶은 선한 일들을 계획하기도 한다. 비록 이곳을 떠나 다시 거친 세상의 파도와 마주했을 때, 또다시 시련을 겪고 넘어질 수도 있을 것이다. 하지만 나는 굳게 믿는다. 명상을 통해 얻은 내면의 평화와, 글쓰기를 통해 마주한 자기 자신에 대한 깊은 성찰의 경험은 그 아이의 삶에 영원히 사라지지 않을 귀한 '선근(善根)'이 되어, 어떤 어려움 속에서도 다시 일어설 힘과 지혜를 줄 것이라는 사실을 말이다.

나의 이 작은 활동을 '포교'라 부를 수 있다면, 그것은 경전을 가르치거나 불상을 모시게 하는 형식적인 포교가 아닐 것이다. 그것은 한 사람의 내면에 잠재된 불성을 일깨워, 스스로 삶의 주인이 되고 부처로 살아갈 수 있도록 돕는 '마음의 포교'일 것이다.

앞으로도 나는 조계종 전국여성불자 교정교화회의 일원으로서, 내 삶의 상처를 자비의 등불로 삼아 세상의 가장 그늘진 곳을 비추고, 아이들의 마음 밭에 '불성의 씨앗'을 뿌려, '선행의 열매'를 맺도록 돕는 보살행을 여러 도반님들과 함께 묵묵히 이어가고자 한다.

*

이 모든 공덕을 시방 삼세 모든 부처님과 보살님, 그리고 길 위에서 방황하는 모든 아이들에게 회향합니다.

산신각

-

미묘법 안승옥

힘들면 언제든
절에 오세요

한기가 들어 부스스 눈을 떴다. 웬 흰 수염에 붉은 옷을 입은 할아버지가 호랑이를 타고 앉아 나를 내려다보고 계셨다. 후다닥.

'여기가 어디지? 내가 왜 여기서 잤지?'

밖에 나오니 벌써 노을이 지고 있었다. 빨리 집에 가야 한다. 황급히 돌계단을 내려가는데 비구니 스님께서 "종무소로 오세요." 하신다. 신성한 절 산신각에서 잠을 잤으니 혼내시려나 보다 했다.

그러나 스님께서는 아무 말씀도 안 하시고 따뜻한 차 한 잔을 주셨다.

"마셔요. 몸이 좀 녹을 겁니다. 집이 어디입니까?"

"경산요."

"차 놓치겠어요. 얼른 마셔요. 내가 버스 정류장까지 태워줄게요."

"예, 감사합니다."

기어 들어가는 목소리로 대답하고 나니 눈물이 왈칵 쏟아졌다. 혼낼 거라고 잔뜩 긴장했는데, 왠지 모르게 서러웠다.

스님께서 운문사 정류장까지 태워주셨는데 주머니에 2천 원밖에 없었다. 급하게 정신없이 나오느라 지갑을 두고 왔다.

"이 차를 놓치면 집에 못 가는데."

스님께서는 이미 알고 계시다는 듯 내 손에 승차권을 쥐여주셨다. 주르륵주르륵 눈물이 쉼 없이 나왔다. 지금껏 살면서 누군가에게 진심으로 위로받아본 적이 있었던가. 아니, 나 자신이 마음에 빗장을 치고 살아왔다.

"사는 게 다 고해입니다. 힘들면 언제든지 절에 오세요. 종무소 문 열렸으니 차도 마시고 가고요."

"예."

스님은 버스가 떠날 때까지 계셨다.

부처님과 운문사 내원암 혜원 스님과의 인연은 그렇게 시작되었다.

넌 도대체 뭐가 되려고 그러냐

오늘도 공장에서 일하고 있는데 사무실로 아들 학교 선도 부장님이 전화하셨다.

"여보세요."

"승엽이 어머니시죠. 지금 학교로 와주세요. 승엽이가 또 애를 두들겨 패서 코피가 나고 이도 흔들거려요. 우리 학교 학부모회장 아들입니다."

하루가 멀다 하고 사고 치는 아들. 회사 눈치 보며 조퇴하고 학교로 가는 나는 몸도 마음도 너무 지쳐 있었다. 아들은 아들대로 속을 썩이고, 회사에선 안 잘리려고 남들 쉬는 시간에도 일하고. 월급을 다른 곳보다 많이 주니까 일요일에도 일하며 오로지 돈, 돈, 돈만 좇았다.

맞았다는 아이의 엄마는 기세가 등등했다.

"우리 준수는 귀하디귀한 3대 독자고 아버지가 시의원입니다. 이렇게 얼굴을 망가뜨려놨으니 어떻게 하실 거예요."

나는 무릎을 꿇었다.

"정말 죄송합니다. 아이 잘못 가르친 제 잘못입니다."

"엄마가 공장이나 다니니까 아들을 저따위 깡패 자식으로 키우지."

똑같은 자식 가진 부모로서, 그 엄마는 차마 입에 담지 못할 막말을 쏟아부었다. 그래도 참아야 했다. 지난번 선생님께서 한 번만 더 학교에서 시끄러운 일이 발생하면 퇴학이라고 했다. 어쨌든 고등학교는 졸업시켜야 했다. 이를 악물었다.

"제발 용서해주세요. 치료비는 다 드릴게요."

그때 옆에 있던 아들이 한마디 한다.

"이번에는 내가 잘못한 게 아니에요. 걔가 계속 나보고 돼지 미련 곰탱이라 놀리고, 못산다고 거지라고 놀려서 밀었는데 책상에 부딪힌 걸 갖고, 왜 엄마가 잘못했다고 빌어요? 선생님도, 엄마도 전부 맨날 나보고 잘못이래."

그길로 아이는 가방을 들고 집으로 가버렸다. 난 그 아이 어머니와 담임 선생님께 사정하고 집으로 왔다.

아들은 방문을 잠그고 열어주지 않았다. 화가 난 나는 "넌 도대체 뭐가 되려고 그러냐. 허구한 날 사고나 치고. 엄마는 힘들게 공장에서 일하는데."라며 소리쳤다. 그러자 아들이 방문을 확 열면서 소리쳤다.

"그러면 왜 낳았어? 내가 학교에 안 가면 엄마 공장 안 가도 되겠네."

"지금 그걸 말이라고 하냐!"

그길로 나와서 무작정 찾아간 곳이 예전에 친구랑 같이 갔던 운문사 내원암이었다. 누구한테 말할 수도 없었다. 남들은 돈도 잘

벌고 애들도 공부만 잘하던데 내 인생은 왜 이 모양 이 꼴로 고생하고 사나, 서러웠다. 그러면서 원하지 않는, 아니 준비 안 된 임신으로 낳은 아들이라 더 잘 키우고 싶은 내 욕심이 아들을 저렇게 만들었다는 자책감도 들었다.

수리 수리 마하수리
수수리 사바하

우리 집은 가난한 산골이었다. 중학교만 겨우 마친 나는 선생님의 추천으로, 낮에는 일해서 돈 벌고 밤에는 학교 보내준다는 공장에 갔다. 힘들지만 꿈을 키웠다. 같은 공장에서 일하던 신랑(지금)과 뜻하지 않게 애를 갖게 됐고 자신이 책임지겠다 했다. 그래서 결혼식도 못 올리고 살았다.

나는 오로지 열심히 돈 벌어서 결혼 반대한 시댁과 친정에 떳떳하고 싶었다. 아이들에 대한 기대치를 높이고 밤낮으로 일했다. 그러다 결국 피를 토하고 쓰러져 경북대학교병원에서 수술을 했다. 강제로지만 쉬면서 가끔씩 내원암에 3년을 다녔다. 몸도 마음도 조금 편해졌다.

어느 날 스님께서 빨간색 『법요집』이란 책을 주시면서 『천수경』을 틈날 때마다 읽으라 하셨다.

『천수경』을 읽는데 '수리 수리 마하수리 수수리 사바하'라는 문구가 있었다.

"이건 예전에 마술사들이 마술할 때 하던데 무슨 뜻이지?"

그러나 경산에서 청도까지 경전을 공부하러 다니기에는 너무 멀었다. 우연히 현수막에 적힌 불교대학 신입생 모집 광고를 보고 관음사로 찾아갔다. 일주일 한 번 매주 화요일 저녁 기초 교리반부터 배운다고 했다. 모든 게 새로웠고 재밌었다.

그날도 수업을 마치고 나오는데 딸이 전화했다.

"아빠가 쓰러지셨어. 세명병원이야."

경산에서 안 되니까 대구 큰 병원에 가라고 한다. 산소호흡기를 꽂고 구급차에 누워 있는 신랑 귀에 휴대폰으로 『금강경』을 틀어주었다.

응급실 도착해서 여러 가지 검사를 하니, 전해질이 많이 부족해서 오는 급성 쇼크라고 했다. 하룻밤을 보내고 집으로 왔다.

'부처님 감사합니다. 관세음보살, 관세음보살….'

그러던 어느 날 남편이 배가 아프다고 했다. 병원 가는 걸 아주 싫어하는 사람이라 웬만하면 안 가는데 그날따라 순순히 가겠다고 해서 가니 대장암 초기라고 했다. 눈앞이 캄캄했다.

다행히 초기라 무사히 잘 치료되었다. 퇴원하고 집에 오는 날 남편이 말했다.

"꿈에 하얀 옷 입은 천사가 나를 병원 앞까지 데려다주고 사라졌어."

"진아 아빠, 그분은 천사가 아니야. 관세음보살님이야. 관세음보살님."

그래서 남편이 순순히 병원에 간 거구나. 관세음보살님의 가피가 이것이구나.

오늘은 자꾸 엄마 염주가 생각나서…

어려울 때마다 관세음보살님의 가피로 높은 파도를 넘었다. 애들도 각자 자리를 찾아갔고, 불교대학 4년 동안 열심히 해서 개근상도 받았다. 나 자신이 대견하고 뿌듯했다.

아들은 고등학교를 졸업하고 취업해서 모아둔 돈으로 조그만 우유 대리점을 차렸다. 우리가 중고 탑차 한 대를 사주었다.

그러나 아들은 내가 절에 다니는 걸 탐탁지 않게 생각했다. 집에 불경을 틀어놓으면 꺼버렸고, 절에 간다 그러면 아버지 식사 차려드리고 가냐고 참견을 했다.

"절에 다닌다고 다 잘되면 안 가는 사람 없겠네요."

늘 그런 식이었다.

하루는 집에서 불경 소리 나는 거 듣기 싫다고, 독립하겠다며 원룸을 얻어서 나갔다.

"승엽아, 이건 단주라는 건데 차에 가지고 다녀라."

"그딴 거 필요 없어요."

그 모습을 본 남편이 '엄마가 주는 건데 받아 가라.'라고 하자 마지못해 주머니에 넣었다.

나는 아들이 마음 잡고 열심히 살려고 하니 고마웠다. 언젠가 아들도 부처님을 믿기 바라면서, 일주일에 세 번은 퇴근 후 꼭 절에 가서 기도와 경전 공부를 하고 집에서도 늘 『금강경』을 틀어놓고 생활했다.

깊은 새벽, 신랑 휴대폰이 울렸다. '이 시간에 전화 올 데가 없는데….'

아들이었다.

"교통사고가 났어요. 아빠, 경찰서로 와주세요."

남편과 딸이 가면서 난 놀라 쓰러진다고 오지 말라고 했다. 다행히 아들은 다친 곳이 없었다. 아침에 사건 현장에 가보니 1.5톤 탑차가 운전석만 제외하고 폭탄 맞은 것처럼 박살이 나 있었다. 만취 상태의 음주 운전자가 신호 대기로 서 있던 아들 차를 박은 것이다. 차가 저렇게 부서졌는데 아들이 다치지 않아 다행이었다.

아들하고 병원에 다녀와 밥을 차려주니 너무 놀라 그런지 먹지 않으려고 했다. "따뜻한 국물이라도 조금 먹어."라는 내 말에 아들은 겨우 입만 적시고 숟가락을 놓았다.

"엄마가 주신 염주를 보기 싫어서 차 박스 안에 넣어두었는데, 오늘 이상하게 자꾸 생각나서 운전석 앞유리 쪽에 꺼내두었어요."

눈물이 왈칵 쏟아졌다. '부처님 감사합니다.'

아들이 잠시 눈 붙이겠다고 방으로 들어가자 그길로 버스 타고 절에 가서 절했다.

"부처님 감사합니다. 우리 아들을 지켜주신 관세음보살님 정말 감사합니다. 관세음보살, 관세음보살, 관세음보살, 관세음보살…."

1배, 2배, 3배, 4배…. 온 마음을 다하여 감사의 절을 올렸다.

금강석 같은 마음을 얻었으니

그 후 아들은 차가 겁난다며 우유 대리점을 그만두고 자동차 정비소에서 일을 배우고 있다. 절에 간다면 싫어하던 아들이 그날 이후 "잘 다녀오세요." 한다. 그 말이 고맙다. 딸도 부처님 믿는 신랑과 부부 연을 맺었다.

어쩌면 현실적으로 돈만 좇아 움켜쥐려고 하니, 모래가 손가락 사이로 빠져나가듯 모든 게 힘들고 몸도 마음도 더 망가졌던 게 아닐까?

부처님의 한없는 가피를 받아서 우리 가족 각자의 자리에서 최선을 다하고 있으니, 이걸 이웃들에게 어떻게 회향할까? 포교사가 되어 부처님 법도 전하고 봉사하며 살자.

경산에는 포교사 공부할 곳이 없어서 매주 일요일 대구까지 다녀서 필기시험, 목탁 실기시험 치고 합격해서 군법당에 다닌 지 3년이 되었다. 일주일에 월, 수, 금 3일은 퇴근하고 저녁에 절에 가서 기도하고 경전 공부도 한다.

이제 60이 넘으니 하루하루가 소중한 시간이다. 오늘도 아침에 눈떠 씻은 다음 『천수경』을 틀어놓고 부처님께 지극한 마음으로 감사의 3배를 올린다. 그리고 조상님들께도 3배의 예를 올린다.

돌이켜보면 참 힘든 시간이었지만 부처님과의 인연으로 잘 견디어왔고, 나 자신이 금강석 같은 마음을 얻었다. 감사합니다. 관세음보살, 관세음보살, 관세음보살.

법보신문 사장상

60년 독일 생활에서 만난 부처님

-

자연심 소양자

60년 전 떠나온
그 시절 우리는…

나, 소양자는 독일에서 60여 년을 살고 있는 불자로서, 서해안에 있는 아름다운 안면암의 신도다. 지구 반대편에 있는 낯선 외국에서 이렇게 오랫동안 살아왔다는 것이 생각만 해도 기적이다.

내가 한국을 떠나오던 1966년에는 한국이 너무나 가난해서 밥조차 제대로 먹을 수 없었다. 나는 초등학교 교사를 하시던 어머니 밑에서 두 형제와 함께 아버지 없이 정말 가난하게 살았다. 전라도와 충청도 사이에 있는 '행정'이라는 조그만 시골에서 메뚜기, 물고기를 잡고, 나물도 캐고, 풀로 인형을 만들어 소꿉장난을 하며 그래도 행복한 어린 시절을 보냈다. 신발이 없어서 매일 4킬로미터를 맨발로 걸어서 초등학교에 다녔다. 지금은 익산(옛날 이름은 이리)이라는 도시에 있는 남녀공학인 남성중학교에 그림을 그려 들어간 덕분에 돈 안 내고 장학생으로 졸업을 했다.

그러나 늘 몸이 너무 허약했다. (아마도 영양 부족이지 않았을까?) 한번은 폐결핵에 걸렸는데 결핵약 하나 못 먹었음에도 죽지 않고 살아났다. 어머니께선 돈 드는 약 대신 밭에서 나는 채소와 토마토, 감자를 우리에게 먹였다. 그때 돼지가 살았던 오두막에는 모기는 물론 빈대, 벼룩, 이 같은 것들이 많아서 밤마다 물려서 가려웠다. 물린 자리를 긁어서 피가 나고 늘 아팠던 슬픈 기억들이 잊히질 않는다. 그리고 구더기가 바글바글했던 변소에 발을 잘못 디뎌 푹 빠지는 바람에 똥독에 걸려 3일 동안 눈도 못 뜨다가 살아난 적도 있었다.

간호학교 나와 혈혈단신 독일로

그렇게 간신히 중학교를 졸업하고 고등학교는 갈 생각도 못 했는데, 어느 친척의 도움(그때 시골에서는 신문 한 장도 볼 수 없었다!)으로 '돈 안 받고 밥 먹여주고 기술도 가르쳐준다'는 대전간호학교에 입학했다. 갑자기 사랑하는 고향과 어머니 곁을 생전 처음 떠났다. 꿈 많고 예민한 사춘기라 고민도 많았고, 차비가 없어서 주말에 집에도 못 가고 친구들이 다 보는 멜로 영화 한 편도 보질 못했다. 그리고 그 흔한 연애도 한번 못 해보고 외로워했다. 주말에도 기숙사에 혼자 남아 청소와 손빨래를 하고, 빳빳하게 풀 먹인 교복을 무거운 다리미에 숯을 담아 열심히 다리기도 했다. 하지만 다행히도 그때 나는 독서를 많이 했고, 일기와 글쓰기를 시작해서 지금까지도 매일 일기를 쓰고 있다.

기숙사에서 주는 밥과 김치는 꿀맛이었지만 양이 너무 적어서 늘 배가 고팠다. 군고구마 하나 사 먹을 돈이 없어서 보면 군침만 삼켰다. 하지만 재미있는 아르바이트로 허기를 달랠 수 있었다. 바로 식당 아줌마의 연애편지를 대신 써주는 것이었다. 그 대가로 당신이 귀가할 때 일부러 문을 조금 열어놓고 가면 룸메이트인 경자와 함께 밤중에 식당에 들어가 남은 밥과 국을 먹었다.

대전간호학교 졸업 후 조치원 보건소에서 결핵 퇴치 요원으로 몇 달 일을 하다가 5급 공무원 시험에 합격해서 서울대학병원 치과에서 근무를 했다.

내가 6살 무렵, 우리 어머니는 낡아서 잘 나오지도 않는 옆집의 조그만 흑백 텔레비전으로 권투 중계 보는 걸 즐기셨다. 그런데 어느 날 그 집 여주인이 부엌에서 혼잣말처럼 “글쎄, 저 여자는 눈치

코치도 없이 자꾸 우리 집에 텔레비전을 보러 오네."라고 하는 소릴 들었다. 나는 그때 아주 큰 결심을 했다. '나중에 돈을 벌게 되면 제일 먼저 어머니에게 세계에서 가장 큰 컬러텔레비전을 한 대 사드려야지.' 하고 내 작은 머리에 꾹 입력시켜놓은 것이다. 그런데 어느 날 우연히 해외개발공사에서 낸 대문짝만 한 신문광고를 보았다. '독일에 가서 간호사로 일하면 두 달 월급으로 큰 컬러텔레비전을 살 수 있습니다.'라는 내용이었다. 나는 바로 이거다 싶어, 혼자서 4주 만에 독일 취업 수속을 해버렸다.

가지고 갈 물건도 별로 없어서 10킬로그램까지 허용된 짐 무게에 못 미치는 5킬로그램의 짐을 겨우 쌌다. 어머니께서 시집올 때 입고 오셨던 구식 한복을 동여매고, 아름다운 23세 꽃다운 나이에 3일 동안 일본 비행기를 타고(당시 한국 비행기가 없어서 알래스카로 돌아가는 일본 비행기를 빌렸다고 한다) 독일 프랑크푸르트에 도착하여 괴테대학병원에서 근무하게 되었다.

독일 생활은 생각보다 녹록지 않았다. 언어 불통과 문화 차이와 집 생각에 눈물이 마를 사이가 없었고, 전화비도 너무 비싸 전화할 엄두는 못 내고 14일 만에 받아보는 손 편지로 향수를 달래곤 했다. 힘들게 번 돈은 한국 가족들에게 송금해 남동생이 대학에 갈 수 있게 도와주었다.

왠지 '극락' 같았던 한국 절에 대한 기억

사전 경험도 없고 삶의 지혜가 없어서 많은 실패를 하고, 때론 작은 성공도 하며, 이젠 거의 독일인이 되다시피 하여 말년을 편하게 잘 살고 있다. 나이 80이 되어 조화로운 한독 가정을 이루고 살아왔던 이야기를 쓴 내 자서전도 이곳 역사박물관에 소장되었다. 이제 와서 생각해보면, 이게 다 불보살의 가피이고 불법을 만났기에 가능했던 것이 아닌가 싶다. 한국불교의 불모지이자 기독교가 국교인 독일에서, 그리고 남편이 가톨릭 신자인데도 좋은 인연으로 부처님 법을 알게 되었고, 팔정도와 삼법인을 알고 몸소 실천하기 위해 노력하며 건강하게 잘 살 수 있어서 너무나 감사하고 감사하다.

'불교' 하면 어렸을 때 학교에서 가을이나 봄에 절로 소풍 갔던 기억이 떠오른다. 산속 깊은 곳에 있던 절들은 입구부터 산세가 수승하고, 갖은 새소리와 싱싱한 소나무들, 계곡의 힘찬 물소리에 잘은 모르지만 '극락 같다'는 느낌이 들었다. 절 입구에 눈을 부릅뜨고 서 있는 무서운 신장들과 일주문을 지나 올라가면 대웅전, 설법전, 산신각, 요사채, 공양간 등이 나왔다. 마당에는 석등과 석탑이 있고 시원한 약수터에서는 앙증맞은 조그만 바가지로 물을 떠 마시곤 했다. 그런데 담임 선생님께서 절에 대해 아무런 설명도 안 해주고 그냥 한 바퀴 돌아보고 나오는 것이 늘 아쉬웠다. 가끔 머리를 빡빡 깎고 빳빳하게 풀 먹여 다린 회색이나 갈색 장삼 가사를 입은 스님께서 열심히 뭔지를 나르고 계셨고, 어떤 스님께선 법당의 큰 금 부처님 앞에서 우리가 못 알아듣는 언어로 목탁에 맞춰 염불하시는 것을 보고 '여긴 우리가 모르는 또 다른 세상이구나!' 싶어 나중에 크면 한번 더 와야겠다는 생각만 했었다. 그 후로는 불교를 접할 기회가 전혀 없었다.

한국 스님들과의 소중한 인연

나는 40년 전 독일인 변호사와 결혼하고 비서학교를 나와 비서로 일을 했다. 그런데 어느 날 우리 변호사 사무실에 한국 스님 한 분이 오셨다. 나는 합장하는 것도 몰랐고 스님과 어떻게 대화해야 하는지도 몰랐다. 그분은 예전에 절에서 뵙던 스님과는 달리 아주 평범하고 약간 지친 모습이었다.

"사모님, 저 좀 도와주세요. 저는 성악을 공부하러 왔는데 오디션에서 떨어졌어요. 교수님께서 제가 악보와 다르게 노래한대요. 이렇게 되었으니 불교 포교사로라도 독일에서 일할 수 있게 해주실 수 있나요?"

나는 그런 일을 해본 적도 없고 불교에 대해서 전혀 모르기에 약간 고민했다. 그리고 독실한 가톨릭 신자인 변호사 남편을 설득하는 데도 힘이 들었다. 하지만 여러 가지 법전을 연구해보고, 인터넷을 통해 알게 된 고 성철 스님의 제자이신 고 원명 스님을 회장으로, 그리고 성악가 스님을 부회장으로 하여 '공익체 사단법인'을 우리 집 주소로 등록해 절을 하나 만들어드렸다. 부회장 스님을 불교 포교사로 노동청에 신청하자 3개월 만에 인가가 나왔다. 그런데 이유는 지금도 모르겠지만 신도가 한 명도 모이질 않았다. 스님은 실망한 나머지 6개월 후에 다른 도시로 가버리셨다.

그다음부터 한국 스님들께서 우리 집에 오시기 시작했다. 이유는 사단법인으로 절을 만들 때 큰 절의 주지스님들을 이사로 선정해서 법인 등록을 했기 때문이다. 그 후로 약 10년 전까지 한국의 유명한 큰스님, 수행승, 학인 스님 들께서 계속 다녀가셨다. 나는 변호사 사무실 일 외에도 자주 공항에 가서 스님들을 모셔 와 쉬시게 하고 여행 안내도 해드리며 몇십 년 동안 자원봉사를 한 셈이다.

덕분에 우린 독일에서 아주 자연스럽고 편하게 여러 스님들께 불법을 배울 수 있었고, 우리 부부가 한국으로 휴가를 가면 최고의 대접을 받았다. 그렇게 한결같이 여러 스님, 신도 들과 계속 소통하고 있었다. 특히 지난가을 휴가 때는 종정 성파 큰스님께서 상주하시는 서운암에 가서 공양도 하고, 손수 만드신 16만 도자기

대장경도 관람했다. 그리고 큰스님께서 종정 임기를 마치게 되면 독일에서 크게 전시회를 해보자는 의견도 드리고 왔다. “공부하다 죽어라!”를 외치셨던 고 혜암 큰스님이 다녀가신 일도 기억에 많이 남아 있다.

90세 독일 할머니의 푸념

내 소견에 독일인들은 대부분 착하게 살고, 법을 잘 지키며, 모르면서도 불교식으로 살고들 있다. 불교를 철학으로 보는 이도 있고, 불교에 대한 관심도 매우 크다. 모태 신앙으로 모범적인 가톨릭 신자인 남편도 이젠 불교에 대해서 많이 알고 이해하고 있다. 별명이 ‘부처신랑’인 남편은 동네 성당에서 달마도 전시회도 하게 했고, 다도회도 열었고, 십자가 앞에서 불교에 대한 강의도 여러 번 하게 했다. 그리고 내가 자원봉사로 일주일에 한 번씩 동행하는 90세 된 가톨릭 신도 마리아 할머니도 나와 불교에 큰 관심을 보이고 있다.

독거노인이신 마리아 할머니는 딸 둘과 신체장애 아들을 낳아 키우셨다. 그런데 남편은 10년 전에 돌아가셨고, 두 딸도 다 이혼한 뒤 마리아와 인연을 끊었다 한다. 딸들은 “어머니가 장애인 아들만 편애하여 우리가 어머니 사랑 없이 자랐기에 둘 다 가정생활이 파탄 난 것이다."라고 이유를 댔다고 한다.

마리아 할머니는 평생 가정을 이끌었고, 임신중독 후유증으로(병원에서 의사들이 하는 이야기일 뿐 아무도 병의 진짜 원인은 모른다고 한다) 말도 더듬고 뇌가 정상적으로 작동하지 않는 신체장애 아들을 장장 39년이나 밤낮으로 돌보았다. 학교도 같이 다녀주며 읽기와 글쓰기를 가르쳐주었기에, 아들은 국가에서 정해준 법적인 보호자가 살펴주는 한 자기 생활을 할 수 있다고 한다. 마리아 할머니의 간절한 기도였는지는 몰라도 기적이 일어났다. 마리아 할머니가 강연장에서 만난 식물원장에게 아들의 취직을 간절히 부탁한 끝에 진짜 취직이 된 것이다. 아들의 임무는 식물원 안에 있는 22개의 쓰레기통을 치우는 일이었다. 마리아 할머니는 신에게 감사하는 기쁨의 눈물을 흘리며 최상의 일터라고 자랑하고 다녔다. 그리고 빚을 얻어 아들에게 조그만 아파트를 사주어 자립시켰다.

그런데 이사한 아들이 인터넷(후에 마리아는 아들에게 인터넷 가르쳐준 것을 후회했다)을 통해 자기와 비슷한 신체장애를 가진 여자를 사귄 뒤 어머니를 멀리하기 시작했다. 급기야 아파트까지 팔고 연락을 끊었다고 한다. 어언 90세가 된 마리아 할머니는 아들이 보고 싶고 궁금해서 찾아가기도 했으나 거절당하고 체념하기에 이르렀다.

마리아 할머니는 지금까지 당신이 믿는 신에게 기도도 많이 하고, 일주일에 두 번씩이나 미사에 나가는 열렬한 신자였지만 점차 "신이 살아 계시다면 왜?"라는 의문이 들기 시작했다. 마리아 할머니는 갈수록 눈도 나빠지고, 귀도 아프고, 걷기도 힘들고, 매일 밤 불면증에 시달리다가 나에게 도움을 청하셨다.

"내가 무슨 죄를 지었기에 이렇게도 사는 것이 힘든지, 이젠 신도 믿고 싶지 않다."

부처님 가르침대로 하면 괴로움이 적어져요

나는 같이 차를 마시며 그녀의 인생담을 들었다. 한 마디로 노벨상 수상감이었다. 고생도 무지하게 많이 하시고 용감하신 삶이셨다. 무역 회사의 비서로 일하시며 가정일, 아이들 양육 외에 기타도 치시고, 노래도 잘하셔서 지금도 합창단에 나가신다고 하셨다.

이야기하는 중에 우연히 그녀의 손가락을 보니, 결혼반지 낀 손가락이 통통 부어 있고 파란 멍이 들어 있었다. 왜 그러냐고 물어보니, "남편이 10년 전 돌아가신 후 그 손가락이 부어서 결혼반지를 빼지 못해 아프다."고 했다. 나는 바로 마리아 할머니와 보석상에 가서 톱으로 반지를 잘라 빼드렸다. 마리아 할머니는 "손가락이 아프지 않아 처음으로 푹 잘 잤다."고 하셨다. 그러면서 "양자야, 너는 어떻게 그렇게 빨리 괴로움을 없앨 수 있었느냐?"라고 물었다. 나는 "부처님 말씀대로 했을 뿐"이라고 대답하고 '독화살' 이야기를 해드렸다.

그다음 만났을 때 마리아 할머니는 "내 가장 사랑하는 아들을 20년간 못 보았다. 지금쯤 거의 60이 되어가니 정년퇴직했을지도 모른다."고 하시며 또 우셨다. 그 걱정도 바로 해결되었다. 나는 마리아 할머니를 모시고 식물원에 8유로(한화 약 1만 2천 원)의 입장료를 내고 들어가 일하는 직원들에게 "이곳에서 쓰레기 치우는 마르쿠스라는 사람이 어디 있느냐?"고 물어보았다. 아들은 우리가 안 보이는 먼 곳에서 식물원의 쓰레기를 치우고 있었다. 마리아 할머니는 보고파 하던 아들을 보고 또 보며 "건강해 보이고, 행복하게 일하고 있네. 그러면 됐다! 이만 가자." 하고는 몰래 사진까지 몇 장 찍어 가지고 왔다. 마리아 할머니는 나에게 연신 "고맙다! 양자야, 이젠 죽어도 한이 없다. 이 빚을 어떻게 갚지?" 하시며 무척 행복해하셨다. 정 고마우시다면 식물원 입장료나 내주시지… ㅎㅎ. 아니다! 이 무슨 속물 같은 생각을! 생각 조심!

다음번엔 무슨 고민을 말씀하시려나. 어쩌면 부처님 법에 반해서 마리아 할머니께서 불교에 입문하실지도 모를 일! 하하하.

불교방송 사장상

나의 행복한 하루 5분 선명상

-

원명화 진해진

부모님은
기다려주지 않는다

엄마가 돌아가신 지 어느덧 5년이 흘렀지만, 나는 지금도 엄마 생각을 하면 눈물이 난다. 엄마에 대한 그리움과 아름답고 슬픈 기억은 마음속에 늘 화두로 남아서 어떻게 살 것인가 답을 구하게 된다.

엄마는 당뇨병으로 몇 년간 고생하시다가 증세가 점점 심해져서 당뇨합병증으로 한쪽 눈을 실명하였고 일주일에 세 번씩 신장 투석도 하고 있었다. 그 와중에 심장혈관이 막혀서 심장 스텐트시술을 일곱 개나 해야 했다. 그 힘든 시술을 이겨내고 잘 회복하여 퇴원한다고 한 날이었다.

이른 아침 언니로부터 걸려온 전화에 나는 시간이 잠시 멈춘 듯했다. 언니는 전화기 너머에서 다급하게 울먹이면서 엄마가 갑자기 돌아가셨다고 했다. 세상이 온통 무너지는 것 같았다. 이 나이에 엄마의 부재는 당연한데 뭘 그렇게까지 정신을 못 차리냐고 할지도 모르겠다. 하지만 이 나이까지도 나는 아프거나 힘들 때마다 엄마 생각이 났다. 내가 찾아가면 엄마는 항상 갓 지은 따뜻한 밥과 직접 담근 장으로 끓인 구수한 된장찌개로 밥상을 차려주시고는 환하게 웃으시며 "이리 와서 밥 묵으라. 오늘 보니 우리 해진이 참 예쁘다." 하시고는 밥 먹는 내 모습을 바라보며 잘 먹는 반찬을 이리저리 내 젓가락 앞으로 돌려놓으셨다. 그 따뜻한 내 마음의 의지처가 어느 순간 무너져버린 것이었다.

나는 한동안 슬픔과 우울감에 휩싸였었다. 그렇지 않아도 갱년기 우울감이 심했기에 슬픔에서 헤어 나오기 힘든 나날이었다. 이제는 두 아들도 대학을 마치고 직장에 들어가 제 앞가림을 하게 되었기에 당뇨병으로 고생하는 친정엄마를 제대로 돌보아드리고 싶었다. 건강한 식단으로 관리해드리려고 조계사 앞 향적세계에서 스님들께 사찰음식도 전문 단계까지 열심히 배웠다. '자식이 효도하려고 해도 부모님은 기다려주지 않는다.'는 옛말이 생각났다.

나도 모르게 '죽음'이라는 화두에 꽂혀서 아침에 일어나면서부터 밤에 잠들 때까지 머릿속에서 떠나지 않았다. 엄마가 돌아가시기 며칠 전까지도 같이 밥 먹고 하하호호 웃으며 얘기를 나눴었는데, 며칠 사이에 그 존재가 사라진 것이다. 그저 세상이 허무했다. 엄마가 좋아했던 하늘의 달을 쳐다보아도 눈물이 났고 비가 내리고 눈이 와도 눈물이 났다.

다음 해 봄 만발한 꽃을 보아도 눈물이 났고, 길을 걷다가도 엄마 생각에 눈물이 쏟아졌다. 엄마를 잘 돌보고 지켜주지 못했다는 미안한 마음에 나의 온몸과 마음이 무기력해졌다. 해외 지사에서 근무하느라 한국에 없었던 친정 오빠가 미웠고, 나 또한 맏며느리로 90세가 넘은 시부모님 봉양에 친정엄마까지 돌보아야 하니 심신이 지치고 힘들던 상황이었다. 그래도 엄마한테 예쁘게 말하고 잘해드릴걸, 마음은 있어도 잘해드리지 못하고 왜 그렇게 짜증 내고 화를 냈었는지 후회와 자책으로 괴로웠다.

모든 것이 영원할 줄 알았는데, 모든 것은 변하고 내 마음도 실체가 없었다. 그때 나를 지켜준 것이 부처님의 명상법이었다. 당시 나는 강남 삼성동 봉은사에서 10여 년간 '템플스테이 연등'의 전법봉사를 회향하고 불교명상 수행을 하기로 결심, 대한불교조계종 포교원 산하 불교상담심리교육 전문기관인 '불교상담개발원'에서 명상공부를 하기 시작했다. 꾸준히 배우고 수행하고 정진하면서 다행히도 불교명상법으로 몸과 마음을 슬픔과 우울에서 회복할 수 있게 되었다.

엄마가 이어준
부처님 인연

엄마 도융장 보살님은 해인사에 다니셨다. 해인사 백련암에서 아비라 기도 입재가 있는 날이면, 엄마는 수행자처럼 깨끗이 풀 먹여 다린 법복에 바랑을 메고 새벽에 집을 나서셨다. 아비라 기도를 다녀오시면 삼천 배, 만 배를 하시고 성철 스님이 법문하신 말씀을 재미있게 풀어서 우리 자식들에게 들려주셨다. 우리가 모두 부처님이라고.

엄마는 하루도 빠짐없이 이른 새벽에 일어나 먼저 〈예불대참회문〉으로 시작해 부처님께 108배를 올리고 〈대불정능엄신주〉를 독송하셨다. 자식들 잘되라고 하시는 기도의 간절함이 우리들에게 전해졌다. 그리고 항상 남을 위해서도 기도하시며 남에게 친절한 말과 행동을 하라고 가르치셨다. 매일 새벽 기도하시는 엄마를 보면서 불교는 자연스럽게 나의 한 부분이자 나를 지탱해주는 힘이 되었다.

그러던 중 큰아이가 고 3 되던 해에 서울 삼성동 봉은사에서 입시기도를 하게 되었다. 무작정 기도하는 것보다는 부처님 법을 바르게 알고 기도해야 되겠다는 마음이 들었다. 마침 봉은사에 불교 기초교리 초심자를 위한 '기초학당'이 있다는 것을 알게 되었다. '기초학당'에서 부처님 말씀을 공부하면서 그동안 어리석게 살아왔던 나를 바라보게 되었고, 부처님의 진리를 뒤늦게라도 공부하게 된 인연에 한없이 감사하고 다행인 마음이 들었다.

인생의 등불 같은 부처님 법을 진작 알았더라면 젊은 나이에 방황하지 않고 좀 더 지혜롭고 현명하게 살았으리라 생각했다. 불교 경전공부를 하면서 불교 경전의 한 구절 한 구절이 마음에 감동으로 다가왔고 환희심으로 마음에 빛이 났다. 『천수경』 앞부분의 개경게(開經偈)에 '무상심심미묘법(無上甚深微妙法) 백천만겁난조우(百千萬劫難遭遇) 아금문견득수지(我今聞見得受持) 원해여래진실의(願解如來眞實義)'라는 구절이 나온다. 처음에 이 구절이 나의 마음에 깊이 들어오면서 초발심이 가득 생겨났다. 부처님 법을 이제야 만나다니, 하면서 귀한 시절인연에 감사하고 또 감사한 마음이었다. '기초학당' 공부를 마치고 나서 봉은사 '불교대학'과 '불교대학원' 과정을 이어서 수료하고 경전공부도 계속 이어갔다.

고귀하고 숭고한 보람을 안겨준 봉사의 시간

그러다 봉은사에 개설된 '불교 영어 강좌'에서 영어로 불교공부를 하게 되었는데 더욱 새롭고 재미있고 의미도 있었다. 2011년도에는 봉은사 '템플스테이 연등'에서 내국인과 외국인의 포교를 위해 봉사할 기회가 주어졌다. 봉은사는 외국인 전용 템플스테이 사찰로 모든 프로그램은 영어로 진행되며, 일본어와 중국어로도 구성되어 있었다. 프로그램의 원활한 진행을 위해서 많은 봉사자의 불교 영어 교육이 심도 있게 이루어지고, 봉사자들의 수준과 공부 열정도 대단해서 도반들과 함께 불교공부를 열심히 하던 시절이었다.

템플스테이 프로그램(1박 2일)은 사찰 안내, 다도, 사찰문화 체험, 스님과의 명상, 새벽예불, 차담 등으로 진행되었다. 봉은사 앞에 위치한 코엑스에서 '세계수학자대회'와 '세계물리학자대회' 같은 대규모 콘퍼런스 행사를 가진 후에는 100여 명 이상의 외국 학자들이 한국 문화를 체험하기 위해 봉은사 '템플 라이프'(당일 프로그램)를 체험하곤 했다. 그리고 세계의 이름 있는 유명한 회사 임직원과 오너들이 '템플 라이프'에 참여, 불교명상을 직접 체험하고 배워 갔다. 또한 미국의 하버드대학 등 여러 대학교 학생들과 교수진들이 우리 불교명상 체험에 크게 감동하는 모습도 보았다.

2015년에는 봉은사에서 '템플스테이 연등'의 연등상을 받게 되었다. 템플스테이 담당 지도스님이신 혜연 스님으로부터 불교선명상 지도를 받고 다 함께 수행하는 행복한 시간이었다. 어느 정도의 불교공부와 수련 후에는 '템플스테이' 행사의 다양한 프로그램과 불교명상 프로그램 진행에 참여하게 되었다. 그 당시 봉사자들에게 많은 불교교육과 불교명상 수행법의 큰 가르침을 주신 혜연 스님을 지금도 잊을 수가 없다.

봉은사는 '선종 수사찰'이다. 도반들과 함께 혜연 스님께 간화선 참선수행을 지도받았고, 스님은 행주좌와 어묵동정(行住坐臥 語默動靜) 화두 참구하며 정진하라고 하셨다. 그리고 '마음챙김명상(Mindfulness Meditation)도 지도해주셨다. "현재에 늘 깨어 있고 매 순간 알아차림을 하라."는 혜연 스님의 수행 가르침을 따라 지금도 나는 계속 마음챙김(알아차림)을 연습하고 간화선 명상수행을 해오고 있다.

그 당시 한 달에 700여 명 이상, 1년에 8천 명 이상의 템플스테이 행사 참가자들에게 부처님 법을 전하였다. 봉사자들과 함께 봉은사 영문 브로슈어와 홈페이지의 영문 작업을 하면서 무한한 보람을 가지게 되었다. 그리고 헝가리 부통령과 리투아니아 국회의장단, 인도 상공부 장관 등 국가행사에 오신 귀빈들에게 사찰을 안내하고 스님과의 차담을 영어로 통역 봉사하는 등 국가적으로 큰 '템플 라이프' 행사도 진행하면서, 그분들이 한국 사찰에서 선명상으로 체험한 평화로운 마음으로 한국에 대한 좋은 인상과 감정을 갖고 일정을 순조롭고 성공적으로 마치고 가는 것을 보았다. 사찰 봉사를 하면서 불심으로 한마음을 내어서 봉사하는 것이 얼마나 고귀하고 숭고하며 보람된 일이자 자기 수행인지를 체험했다.

명상 초보에서
전문 지도사로

10여 년간의 템플스테이 봉사를 마치고 불교명상 공부를 집중적, 체계적으로 하고 싶어서 대한불교조계종 포교원 산하 불교상담개발원에서 불교명상지도사 과정을 수강하게 되었다. 체계적으로 잘 구성된 프로그램과 훌륭하신 스승님들의 가르침이 바르게 수행하는 데 큰 도움이 되었다. (명상을 시작하고 싶은 분들에게 제일 중요한 것이 바로 바른 명상센터나 바른 스승님을 찾아가는 것이라고 나는 생각한다.)

간화선, 대승불교, 초기불교, 티베트불교의 다양한 수행법도 배웠다. 나는 매일 명상을 하면서 수행일지를 썼다. 처음에는 호흡법으로써 잠시 멈춤을 하고 지금 이 순간의 호흡에 집중해보는 수행을 계속했다. 그리고 그동안 내 몸과 마음에서 일어나는 변화들을 관찰할 수 있었다. 명상하는 중에도 사람들과 생활 속에서 부대끼며 화났던 일들, 괴롭고 힘들었던 일들이 계속 떠올랐다. 그리고 엄마 생각이 머릿속에서 떠나지 않았다. 나는 슬픔과 괴로움에서 벗어나 행복하기를 바라며 나에 대한 자비 명상을 시작했다. 나에게 무한한 친절과 자비심을 보내면서 걸으면서도 앉아서도 자애명상을 계속해나갔다. 그러자 어느 순간, 내 마음도 용서하고 엄마도 편하게 보내드릴 수 있는 마음의 공간이 내 안에 생긴 듯했다. 어느덧 마음이 조금씩 편안해지기 시작했다. 다른 사람과 불편한 일이 생겨도 상대편을 이해해주는 마음의 여유가 조금씩 생기는 것 같았다.

집중 참방 수련도 일정 시간 했는데, 세 분의 스님들께서 우리들과 함께 명상수행을 해주시니 집중이 더욱 잘되었다. 특히 2022년 2월 경주 황룡원에서의 3박 4일 집중수행은 잊을 수 없다. 새벽부터 밤까지 30여 명의 도반들과 함께 온종일 정진에 매진한 집중수행은 내 인생에서 정말 기억에 남는 경험이었다.

집중명상을 하는 중에 샛별보다 밝은 빛이 잠시 동안 또렷하게 나타났다 사라졌다. 너무나도 밝고 깨끗한 빛이었다. 눈을 감아도 눈을 떠도 한동안 내 눈앞에서 밝게 빛이 났다. 깜짝 놀랐지만 그 순간 고요함이 내 몸과 마음을 감싸는 듯했다. 스님께서 '니밋따'라고 했다. 이 또한 수행 중에 일어나는 현상인데 경계이고 지나가는 과정이라고 했다.

그리고 집중수행 정진을 계속했다. 힘들었던 집중수행 후에 내 몸과 마음은 가벼워지고 맑게 정화되는 느낌이었다.

불교상담개발원에 있는 2급, 1급, 전문가 과정 중 전문가 과정의 집중수행을 마치고 드디어 나는 불교명상지도사가 되었다. 내가 명상으로 체험한 여러 좋은 경험들을 다른 사람들에게 전해주고 싶었다. 2022년부터 불교상담개발원에서 프로그램을 개발하고 문화체육관광부가 주관하는 마음돌봄 치유사업인 '늘봄명상프로그램'으로 명상을 지도할 기회가 주어졌다. 의료, 복지, 돌봄, 공공서비스 직군, 소외계층 등 명상이 필요한 모든 국민들을 대상으로 마음돌봄 명상 강좌를 진행했다. 코로나 기간 동안 우울감이 심화되었던 명상 참가자들은 많은 관심을 보였고 긍정적인 반응이 대단하였다.

나는 불교상담개발원에서 불교명상 전문가 과정을 마치고 난 후에 한국명상지도자협회에서 명상정진을 계속하며 2급, 1급, 트레이너 과정까지 마치고 일반명상 트레이너 자격을 갖추게 되었다.

2024년 총무원장 진우 스님께서 진행하셨던 8회의 선명상아카데미 강의를 듣게 되었는데 그동안 어려웠던 명상공부가 쉽게 이해되었고 전체가 하나로 정리가 잘되어서 많은 도움이 되었다. 선명상아카데미 마지막 날에는 공주 연수원에서 템플스테이를 하며 큰스님들의 명상 지도를 직접 들을 수 있어서 감동이었다. 총무원장 스님의 선명상 강의는 쉽고 재미있으면서 실생활에 도움이 되는 명상법들이었고 개인적으로는 좋은 강의를 하는 티칭법도 배웠다.

절에 가면 스님께서 주시는 차(茶) 한 잔에 마음이 편안해지고 수행하는 기분이 들어서 차에 관심이 가기 시작했다. 차는 다른 사람에 대한 예절이면서 수행이기도 하기에 차에 대해 제대로 된 공부를 하고 싶었다. 그래서 전국여성불자회 회장이시자 무형문화유산 궁중다례 보유자이신 김의정 회장님의 한국다도 종가인 명원문화재단에서 최고과정인 명인 과정까지 차 공부를 하였다. 청정·검덕하고 중화·예경하라는 명원 선생님의 가르침을 기억하고 몸에 익히며, 불교에서 면면히 이어온 초의선사의 다도정신을 차 수행의 근본으로 삼아 수행하고 있다.

나는 지금까지 4년 동안 중고등학생, 주부, 일반인, 영양사, 복지사 상담교사, 어르신 등을 대상으로 25군데 이상의 기관에서 선명상을 안내하고 있다. 모두 보람되고 의미 있는 시간들이었다. 그중에서 특히 세 분의 명상지도자와 함께 진행했던 노숙인 교육기관인 서울시 게스트하우스에서의 명상 수업은 명상지도자로서 보람 있는 시간이었다. 그분들이 명상으로 마음을 잘 조절하고, 명상의 힘으로 마음에 많은 보호 요인들을 만들어서 새로운 삶에 조금이나마 도움이 되었으면 하는 바람이다.

매일매일의 선명상이 가져다준 기적

요즈음은 하루도 빠짐없이 수시로 5분 선명상을 실천해오고 있다. 아침에 일어나면서, 잠자리에 들기 전에, 친구를 기다릴 때, 버스나

전철을 타고 갈 때, 그리고 집에 들어와서 조용한 시간에 하는 하루 5분의 선명상이 마음을 평화롭고 긍정적으로 바꾸어준다. 명상을 통해 내 마음을 조절할 수 있어서 삶의 방식도 바뀌었다. 실제로 명상하기 전에는 수시로 변화하는 감정에 휘둘렸다면 지금은 예전과 비교가 안 될 정도로 행복한 삶을 살아가고 있다.

선명상 강의를 할 때도 시작 전에 몸과 마음의 긴장을 부드럽게 이완하는 스트레칭을 한 후, 총무원장 진우 스님께서 제안하신 5분 선명상을 항상 실천하고 있다. 선명상 참가자들은 선명상 안내에 따라서 매 수업마다 5분 선명상을 다 함께 하는데 9주째가 되던 어느 날, 참가자들의 얼굴 표정이 밝게 달라진 것이 보였다. 참가자들의 마음을 나누는 시간에 한 참가자가, 선명상을 하고 난 후 가족에게 긍정적이고 감사한 마음을 가지게 되어서 가정이 행복한 분위기가 되었으며 또한 몸도 건강해졌다는 말씀을 하셨다.

다 함께 하는 5분 선명상(때로는 10분)을 하려고 열세 분이 9주 동안 거의 한 명도 빠짐없이 참여하였다는 사실이 놀라웠다. 모두 선명상의 효과를 직접 체험하면서 자발적으로 선명상 수업에 열심히 참여하신 것이다.

선명상은 뇌의 특정부위를 활성화시켜 스트레스를 조절하고 회복탄력성을 높여주며, 자신을 통찰할 수 있는 힘이 생기게 하여 몸과 마음을 건강하게 하고, 나아가서 행복하고 성공적인 삶을 살 수 있게 해준다는 사실이 과학적으로 입증되었다. 실제로 선명상 수행을 하면서 나의 몸과 마음도 건강해졌다. 오늘도 선명상으로 부처님의 지혜와 자비가 충만해져서 세상의 모든 사람들이 평화롭고 행복하기를 두 손 모아 기도한다.

선명상 수행을 하면서 내 삶에서 마음 깊이 다가왔던 『숫타니파타』의 한 구절이 문득 떠오른다.

소리에 놀라지 않는 사자처럼
그물에 걸리지 않는 바람처럼
진흙에 더럽혀지지 않는 연꽃처럼
무소의 뿔처럼 혼자서 가라.

부처님의 법을 등불 삼아서 게으르지 말고 방일하지 말며, 자유롭고 평화롭게, 무소의 뿔처럼 꿋꿋하고 부지런하게 정진하겠다는 각오와 다짐을 해본다. 또한 이 시대의 선명상 안내자로서 세상과 사람들에게 조금이라도 이익이 되는 삶을 살고 싶다는 발원을 해본다. 그래서 험하고 각박한 세상에 부처님의 밝은 지혜와 따뜻한 자비가 온 세상에 비추어서 모든 일체중생들이 행복하고 평화롭기를 바란다.

108산사순례기도회
회주상

넘치지도 부족하지도 않은
불제자의 삶을 살겠습니다

–

선희주 김해숙

어느덧 내 나이 쉰하나. 잠시 멈추고 지난 삶에 대해 생각에 들게 하는 시기인 것 같다. 내가 어떤 결정을 하고 살아왔나 돌아보니 '참 잘했구나!' 하는 것도 있지만 아쉬움이 남는 것도 많다. 그중에 지금도 '참 잘했구나!' 하고 나 자신을 칭찬하는 건, 부처님을 만나고 부처님 법을 꾸준히 공부하고 있는 지금의 내 모습이다.

불자님들! 하룻밤 하룻낮 쉼 없이 흘러가는 시간을 잡으려 하지 마십시오. 아쉬워하지도 말고, 흘러가는 시간을 부처님 법(진리)과 함께하십시오. 그러면 반드시 그 마음의 여유와 평온이 찾아와 가족 내 평안과 행복이 항상 함께하실 겁니다.

동생과의 이별,
괴로움과 큰 슬픔

1998년 4월 3일, 전화벨이 울린다.

"여보세요? 흑흑흑흑~~."

엄마였다.

"엄마! 엄마! 엄마, 무슨 일 있어요?"

한참을 흐느끼신 엄마가 말을 이었다.

"원기가 죽었어!"

'원기'. 나보다 4살 아래인 막내 남동생! 며칠 전에 군대 영장이 나왔다고 전화가 왔었는데…. 현실이 믿기지 않았다. 잠시 멍~~ 하는 순간 이미 다리가 풀려 바닥에 주저앉은 나는 하염없이 눈물을 흘렸다.

시간이 지날수록 그 슬픔은 감당할 수 없을 정도로 내 몸과 맘을 힘들게 했다. 당시 내겐 두 살짜리 아들과 그해 3월에 출산한 한 달 된 딸아이가 있었다 아이를 돌봐야 할 때 찾아온 큰 슬픔으로 하루하루가 몹시 힘들었다. 하나는 동생을 영원히 볼 수 없다는 슬픔과 두 번째는 그 큰 슬픔이 주는 견딜 수 없는 괴로움이었다.

2주쯤의 시간이 지난 어느 날, 집에서 가까운 곳에 있는 절이 생각났다. (강원도 속초 영랑호수 옆에 있는 '보광사') 한 번도 가본 적은 없었지만 그날은 그곳에 가고 싶었다. 혹시 절에 가면 이 주체하지 못하는 슬픔을 좀 위로받을 수 있을까, 하는 마음에 둘째를 업고 '보광사'로 향했다. 절에 들어가니 큰 마당에 기와가 있는 두 개의 건물이 보였다. 건물 주변을 가까이서 살펴보니 문이 활짝 열린 곳에 큰 부처님이 보였다. 일단 신발을 벗고 들어갔다.

절을 처음 찾았지만 TV에서 본 것처럼 절을 했다. 절을 하려고 바닥에 엎드리자 눈물이 흘렀다. 절을 하면 할수록 눈물은 더 많이 흘렀고 '조금만 더 절을 하면 눈물이 멈출까!' 싶어 절을 하고 또 했다. 옆에 누워 자던 둘째가 깨서 울었다. 아기가 우니 눈물이 더 많이 났다. 둘째를 안고 엉엉 울고 있는데 어느새 스님 한 분이 옆에 와 계셨다. 절의 주지스님이라고 하셨다. 보통 키(한 160m 정도)에 날씬하신 주지스님은 인상이 참 따뜻해 보였다.

"무슨 일이 있나요?"

나에게 그렇게 물어보며 스님이 더 당황해하셨다. 왜냐하면 내가 감정도 눈물도 주체할 수 없어 더욱더 꺼이꺼이 울고 있었기 때문이다. 스님께서는 내 등을 토닥여주시며 "조금 더 쉬었다가 종무소 옆 찻방에 잠시 들르세요."라고 하셨다. 난 대답 대신 고개만 끄덕였다.

마음이 어느 정도 안정되었을 때 찻방에 계신 스님을 찾았다.

"무슨 일인가요? 우리 보살님, 뭐가 그리 슬픈가요?"

스님의 질문에 어디서부터 어떻게 말해야 할지 몰라 우물쭈물

하니, 스님은 천천히 이야기해도 된다고 나를 다독여주셨다. 마음의 안정을 찾은 나는 스님께 동생 이야기를 들려드렸다.

새로운 시절인연,
부처님을 만나다

이야기를 마치자 스님은 "차 한잔 들어요."라고 권하신 뒤 '천도재' 이야기를 해주셨다. 그 당시 남편이 말단 직원이라 생활이 넉넉한 편은 아니어서 그런 사정을 말씀드렸다. 스님은 괜찮다며 동생의 이름과 생년월일 그리고 제 전화번호를 받아 적으시고 집에서 기다리면 전화해주겠다고 하셨다.

그리고 한 2주쯤 지났을 때 전화벨이 울렸다. 스님이셨다.

"여보세요. 여기 보광사예요. 지금 시간 괜찮으면 절에 오세요."

"네, 스님. 지금 갈게요."

나는 둘째를 업고 보광사로 향했다.

"스님! 저 왔어요."

"들어와 앉으세요."

나는 둘째를 내려놓고 스님 말씀에 귀를 기울였다.

"조양동에 사업하는 집 외동 손녀가 사흘 전 생을 다해 장례를 치르고, 천도재를 하려고 어제 절에 찾아오셨어요. 그 손녀가 보살님 동생보다 4살이 적어요. 그래서 동생 이야기를 하면서 영가혼례식과 천도재를 같이 하자고 했더니 그분들도 좋다고 했어요. 그분들께 보살님 사정을 이야기하니 비용도 그분들이 다 하시기로 했어요."

"그럼 제가 할 수 있는 건 뭐가 있을까요? 스님!"

"그럼 보살님은 떡 한 말하고 과일만 좀 올리세요."

그렇게 해서 그해 4월에 동생의 영가혼례식과 천도재를 보광사에서 지냈다.

그 후 매년 초파일이면 동생을 위한 영가등과 가족연등을 올리러 보광사를 찾았다. 초파일에는 늘 많은 사람들이 절(보광사)을 찾았고, 그 사람들 속에 끼여 다른 사람들이 하는 걸 유심히 보면서 나도 따라 움직였다. 그러면서 절에서 세 번 하는 절이 삼배라는 걸 알았다.

그렇게 몇 해가 지나 초파일이 또 다가왔다. 등을 달러 절에 갔다가 사람들이 하는 이야기를 들었다. "초파일에 등을 절 세 곳에 달면 좋다는데…."

그래서 2009년 초파일에는 보광사에 등을 달고 원각사(설악산 신흥사 포교당)를 찾았다. 그곳에도 사람들이 많았다. 곧 법회는 시작되었고 법회 시작한 지 얼마 지나지 않아 어김없이 눈물이 흘렀다. 그해에는 유난히 더 슬펐는지, 눈물샘이 터져 제어가 되지 않을 정도라 고개를 들 수 없었다. 엎드려서 훌쩍거리며 울고 있었는데, 법당 내 사람들은 정근을 하면서 줄 서서 관욕 순서를 기다리고 있었다. 고개를 들자 옆에서 날 보는 시선이 부담스럽고 부끄러웠다. 나는 자리에 일어나 집으로 발길을 돌렸다. 그런데 그날은 다른 날과 다르게 마음이 좀 가볍고 뭔지 모를 후련함이 느껴졌다.

마음공부, 불교대학 진학

그렇게 한 해가 지나고 2010년 2월 어느 날, 햇살이 좋아 싸리재 약수터에 약수를 뜨러 갔었다. 날씨가 좋아 그런지 많은 사람들이 약수터를 찾았다. 그런데 약수터에 못 보던 현수막이 옆으로 길게 걸려 있었다. '불교대학교 신입생 모집'이라는 글이 적혀 있었고 장소는 '원각사'였다. 집에 와서도 현수막이 내내 머릿속에 맴돌았다. 불교대학! 불교대학! 뭘 배울까? 많이 궁금했다. '불교대학에 들어가면 삼배를 왜 하는지, 어떻게 하는지 같은 건 배우겠지?'

다음 날 아침, 학교 방학 중인 아이들 아침밥 차려주고 막내는 큰애한테 맡기고 곧장 원각사(신흥사 포교당)에 들러 불교대학교 입학 신청을 했다. 그리고 며칠 동안 잠을 설쳤다.

2010년 3월 2일 불교대학교 입학식 날. 이른 봄의 좀 쌀쌀한 날이었지만 신입생이 많아서 그런지 법당 안은 훈훈했다. 그해 막내딸은 4살이었는데, 돌봐줄 사람이 없어서 2년을 함께 다니고 졸업식도 함께했다. 그래서인지 막내는 사찰에서 많은 시간을 보냈고 지금은 의젓한 대학생 청년불자가 되었다.

불교대학에서 『불교입문』, 『숫타니파타』, 『금강경과 마음공부』, 불교미술 외 다수를 배웠는데, 『금강경과 마음공부』는 나의 삶에 중요한 전환점을 만들어준 수업이었다. 지금도 즐겨 읽는 책 『금강경과 마음공부』에 이런 글이 있다.

> '그렇다! 모든 움직임이 그대로 좌선이고 깨어 있음이다.
> 바로 지금 이 순간이 우리들이 그렇게 찾아 나서던 궁극의 순간인 것.'

이 글을 나는 참 좋아한다.

현재가 곧 과거가 되는 과정인 걸 잊지 않고 살아야 하며, 과거는 돌이켜볼 수는 있지만 돌아갈 수는 없는 것이다. 현재의 삶을 소중히 여기고, 주변의 모든 인연에 감사하며 살아가는 내 모습! 현재의 내 모습이다. 우리는 감사한 마음이 생겨 인사할 때 고개를 숙인다. 상대에게 고마운 마음을 전달하는 모습이다. 그렇다! 매 순간순간 감사하며 살다 보면 즐거운 일이 많아진다.

우리의 현실은 만남과 헤어짐의 반복이다. 그러나 이 반복 속에서도 매번 만나는 사람들과 사물이 다름을 알 수 있다. 그렇게 만나는 인연을 우리는 '시절인연'이라 말한다. 인연의 길이를 알 수 없기에 순간순간 만남은 얼마나 소중한가!

불교 공부는 매우 깊고 넓다. 공부를 하면서 동생과의 만남과 헤어짐을 받아들일 수 있었고, 슬픔을 극복할 수 있었다. 어느 날 스님께 여쭈어보았다. "스님! 지금은 아니지만 법당에만 오면 눈물이 많이 났습니다. 왜 그런 거죠?" 그러자 스님께서 '업장 소멸'에 대해 설명해주셨다. 업장이 소멸되는 과정은 여러 가지가 있지만, 울면서 업장이 소멸되는 것도 있으니, 눈물이 나면 많이 울라고 하셨다. 지난날 참 많이도 울었다.

'낙산사 홍련암' 100일 기도를 올린 지 올해로 5년 차다. 인등이 꺼지지 않게 매번 기도를 올린다. 시간이 날 때마다 찾는 곳이 기도 하다. 기도 속에 간절함이 있는 곳. 기도 속에 감사함이 있는 곳. 기도 속에 평온함이 있는 곳. '낙산사 홍련암'은 나에게 그런 곳이다.

부처님 법을 전하는 나,
포교를 하다

나는 이제 오십 대에 접어들었고 포교사가 된 지 만 10년이 되었다. 사실, 포교사 활동은 내 계획에는 없었던 일이다. 그런데 지금은 부처님 공부가 나의 일상이 되었다. 요즘 나는 퇴근하고 집에 도착하면 가장 먼저 노트북을 켜고 유튜브에서 부처님 말씀을 들으며 저녁식사 준비를 한다. 저녁식사와 설거지까지 마무리하면 오롯이 나만의 시간이다. 신난다!!

작지만 아늑한 내 서재에 들어와 잠시 앉아서 5분은 하루 일과를 돌아보고 또 5분은 내일 일정을 생각한다. 그리고 부처님 공부를 시작한다. 전날 작업하던 법요집이나 행사 자료 준비가 끝나면 일요일 군법당 법회 준비를 한다. 포교사단에서 진행하는 리플레이 교육 중 '문화해설사 1급 자격증' 과정이 있는데 나는 2024년에 취득했고, 지금은 같이 활동하고 있는 포교사들의 문화해설사 진행 과정을 도와주고 있다. 부처님 공부가 일상이 된 지금, 나는 평온하다.

현재의 나로 살 수 있게 도와준 모든 분들께 감사한다. 내가 부처님을 만날 수 있었던 건 우연일까? 아니면 운명일까? 내가 부처님을 만날 수 있게 사랑하는 내 동생이 다리를 놓아준 건 아닐까 하는 생각이 든다. 그렇게 불교에 입문해 만난 분이 '고 박광희 포교사님'이다. 내가 포교사의 길을 걸을 수 있게 길을 열어주시고 불자로서의 품행과 언행 그리고 포교사로서 포교를 실천하는 모습을 보여주신 '고 박광희 포교사님'께 진심으로 감사의 인사를 드린다. 그 뜻을 이어 불자로서 넘치지도 부족하지도 않은 '정도'를 걷기 위해 노력하며 불법 홍포에 '정진'할 것이다.

부처님 공부는 나와 나의 가족 모두에게 복을 주는 것이니, 불자님들의 일상이 되어 늘 평온함이 항상 하시길 발원한다.

나무 마하 바라밀
나무 마하 바라밀
나무 마하 반야 바라밀.

사랑하는 내동생 '원기' 그리고 '고 박광희 포교사님'의 극락왕생을 진심으로 발원한다.

2부

번뇌를 내려놓는 수행

소금이나 꿀이 어디에 섞이더라도

그 본성이 살아 있듯이,

어떤 번뇌에 섞이더라도

불성은 존재한다.

_『열반경』

상월결사 이사장상

내가 마주 본 부처님

청곡 고진우

내일 아침
눈이 떠지지 않기를…

매일 밤 같은 기도를 올렸다. '부처님, 내일 아침 눈이 떠지지 않게 해주세요.' 조계사 청년회 활동을 하면서도 그 기도는 더욱 절박해졌다. 나에게는 살아가는 것이, 매 순간 숨을 쉬고 무엇인가를 바라보아야 한다는 사실 자체가 너무나도 괴로웠다. 내일을 마주할 용기가 전혀 없다.

매일 아침이면 스마트폰에서 울리는 알람 소리를 몇 번이나 끄고 나서야 억지로 눈을 떴다. 정신도 제대로 차리지 못한 채 자동차에 몸을 싣고 사무실에 도착하면 출근 시간 1분 전이었다. 지각은 아니지만, 최소한의 예의조차 갖추지 못한 채 하루를 시작했다.

출근길의 정밀한 시간 계산은, 어쩌면 회사에 단 1분이라도 더 있고 싶지 않다는 소리 없는 아우성이었는지도 모른다. 근무 태도는 엉망이었고, 업무 중에는 늘 불만이 가득했다.

'왜 내가 이 일을 해야 하지?'

'왜 회사는 나에게 이 정도도 배려해주지 못하지?'

모든 생각은 늘 나 위주였다. 회사에 대한 기대는 커져만 갔고, 현실 속 내 모습은 그 기대에 한참 못 미쳤다. 결국 회사와 나 사이의 거리는 우주처럼 멀어졌다. 그 괴리는 나를 불안하게 만들었다.

매일 팀장님에게 혼이 났고, 항상 주눅 들어 있었으며, 괜히 주변 눈치를 보게 됐다. 내 존재가 작아지는 기분이었지만, 무엇이 문제인지조차 알지 못한 채 하루하루를 버텼다. 거울 앞에 서는 것도 피한 채 그저 시간을 흘려보냈다. '살아 있다'는 감각조차 없이, 숨만 쉬는 존재로 오랜 시간을 보냈다.

무너진 일상 위에 놓인 마음 한 조각

퇴근하면 집이 나를 반겨야 했지만, 그 공간은 오히려 더 무너진 풍경을 보여주었다. 누가 봐도 집은 엉망진창이었다. 집안 곳곳에는 내 마음 상태가 그대로 드러나 있었다. 침실 바닥에는 벗어놓은 옷가지들이 무질서하게 널브러져 있었고, 책상 위는 업무 서류와 택배 상자들로 가득했다. 화장실 거울에는 물때가 끼어 있어 내 얼굴조차 제대로 볼 수 없었습니다. 냉장고에는 유통기한이 지난 음식들만 남아 있었고, 싱크대 배수구에서는 악취가 올라왔다. 이 모든 것이 얼마나 나 자신을 돌보지 않고 있었는지를 적나라하게 보여주었다.

이런 환경에서 피곤함은 곧 폭식으로 이어졌다. 요리는 사치였고, 배달 음식이 일상이 되었다. 백반 정식을 시키면서도 고등어구이 하나로는 부족해 제육볶음을 추가했고, 야식으로 치킨 한 마리에 콜라까지 곁들였다. 포만감은 잠시였고, 다시 허기졌으며, 다시 먹고 눕고… 그렇게 출구가 보이지 않는 긴 무기력에 빠졌다.

몸무게는 어느덧 40kg 이상 불어 있었다. 하지만 거울을 본 기억은 거의 없다. 이유는 분명했다. 나의 현실을 마주하고 싶지 않았기 때문이다. 너무 많은 것을 외면했고, 그 현실을 인정할 용기도 없었다. 그 시절을 돌이켜보면, 나는 내 인생의 주인공이 아니었다. 마치 누군가가 조종하는 꼭두각시 인형처럼, 의식 없이 움직이고, 감정 없이 반응하며, 목표 없이 표류하고 있었다. 주변 사람들과의 관계도 점점 멀어졌고, 가족과 친구의 안부 전화조차 부담스러웠다. '어떻게 지내냐?'라는 질문에 어떠한 대꾸도 할 수 없었기 때문이다. '부처님, 내일 아침 눈이 떠지지 않게 해주세요.' 그

기도는 어쩌면 더 이상 의지할 곳 없는 내 인생을 정지시켜달라는 끔찍한 절규였다.

나의 간절한 기도를 부처님은 절대로 들어주시지 않았다. 나는 슬프게도 매일 아침 눈을 떴다. 하지만 지금 돌이켜보면, 그 반복되는 실패한 기도가 오히려 엄청난 가피였다. 부처님께서 내 삶을 끝이 아닌 전환점으로 이끌어주신 시작이었다.

하나의 선물,
하나의 전환점

그러던 어느 날, 내 생일을 맞이해 청년회 법우에게 『법화경』 필사본을 선물 받았다. 말없이 경전을 건네던 법우의 눈빛은, 마치 내가 언젠가 그 경전을 펼치게 될 거란 걸 알고 있는 듯했다. 그 경전은 책장에 조용히 꽂혀 있었지만, 이상하게 자꾸 눈에 밟혔다.

해가 바뀌고, 회사에서는 한 해의 업무를 정리하고 새해 계획을 발표하는 시간이 찾아왔다. 그러나 나는 그 자리에서 아무 말도 하지 못했다. 뚜렷한 실적도 없고, 앞으로의 계획도 목표도 없었다. 그 앞에 서 있는 것 자체가 부끄러웠다. 그날은 정말 떠올리고 싶지 않은 내 인생의 바닥인 것 같았다.

얼마 지나지 않아 받은 종합건강검진 결과는 더 어마어마한 충격이었다. 고혈압, 고지혈증, 지방간, 역류성 식도염, 갑상선 항진까지 몸은 이미 오래전부터 경고를 보내고 있었지만 나는 그 경고를 무시해왔다. 그제야 '정말 이대로는 안 되겠다'는 절박한 심정이 들었다.

그 무렵, 조계사 청년회에서 준비한 송광사 신년 사찰 순례에 참여했다. 깊은 산사의 엄숙한 공기 속에서 마주한 연성 스님의 '무아'에 대한 법문, 새벽을 조용히 울리는 목탁 소리, 송광사 대웅보전을 가득 채운 스님들과 함께한 새벽예불의 울림 있는 공명. 이 모든 주파수가 겹치는 듯한 고요함 속에서 나는 처음으로 내 안의 부처님과 마주했다. 그 순간, 문득 이런 생각이 들었다. '그동안 내가 겪은 모든 고통은, 이곳에 이르기 위한 과정이었구나.'

고요한 변화

이후로 나는 달라지기 시작했다. 아니, 달라지고 싶었다. 불쑥 올라오는 감정, 무기력, 분노, 탐욕. 이제는 그것들을 억누르려 하지 않았다. 그저 바라보았다.

'아, 지금 화가 났구나.'

'지금 내가 도망치고 싶어 하는구나.'

그렇게 알아차리기 시작하자 마음에 덜 휘둘렸다. 나는 운동과 『법화경』 사경을 시작했고, 집을 깨끗이 유지하려고 부단히 노력했다. 회사에서도 하루 업무를 목표를 세워 체계적으로 진행하려고 노력했다.

아침에 일어나서 가장 먼저 한 일은 창문을 여는 것이었다. 햇살과 바람이 집 안으로 들어오면서 먼지 쌓인 공기가 바뀌는 것을 느꼈다. 매일 아침 5분이라도 명상하는 시간을 가졌다. 처음에는 산란한 생각들이 끊임없이 올라왔지만, 점차 마음이 고요해지는 순간들을 경험할 수 있었다. 사경을 할 때는 한 글자 한 글자에 정성을 담았고, 그 과정에서 마음이 차츰 정화되는 느낌을 받았다.

부처님오신날이 가까워질 즈음, 연등회에서 공연할 청년회의 연희단 연습이 시작되었다. 매주 주말 시간을 내 안무를 배우고, 법우들과 웃고 땀 흘리며 두 달을 함께했다. 그 시간은 나에게 정말 소중했다. 연등회 당일, 종로 일대는 10만여 개의 연등이 빛을 내며 거리를 환하게 밝혔다. 연등 행렬은 동국대학교를 출발하여 동대문, 종로 거리를 거쳐 조계사까지 이어졌다. 그 길을 법우들과 함께 걸으며, 나는 그간의 괴로움이 모두 사라지는 듯한 기분을 느꼈다. 조계사 연희단이 함께 꾸민 무대는 정말이지 최고의 감동이었다. 특히 일요일 공평동에서의 무대는 그간 조금씩 맞지 않았던 서른 명의 안무가 모두 하나의 동작으로 맞춰지는 환희심 넘치는 순간이었다. 함께 준비한 연등회 행사는 단순한 공연이 아니라, 우리 모두의 마음이 담긴 기도였다. 그 순간, 나는 진정한 평화와 행복을 느꼈다.

살아 있는
모든 순간이 '법'

최근 충주 석종사에서 혜국 큰스님 법문을 들었다. 큰스님께서는 "살아 있는 모든 순간이 곧 법이다."라고 말씀하셨다. 그 말씀이 내 마음에 깊이 새겨졌다. 예전의 나는 늘 내일을 두려워했다. 오늘이 고통스러우니, 내일이 아예 오지 않기를 바랐다. 그러나 큰스님 법문은 전혀 다른 견해를 열어주었다.

"아침에 눈을 뜨는 순간, 그것이 법이다. 숨 쉬는 순간, 그것이 법이다. 기쁘거나 괴로운 감정이 올라오는 순간, 그것마저도 법이다."

나는 깊은 생각에 빠졌다. 그토록 피하고 싶었던 삶의 모든 순간들이 사실은 모두 수행의 자리였다. 출근길의 답답함도, 배달 음식을 시키며 느꼈던 공허함도, 팀장님의 꾸중에 움츠러들던 내 모습 전부가 '법'이었다. 불교의 가르침이 말하는 '무상'과 '연기'는 바로 이 삶의 자리에서 드러나고 있었다. 모든 것은 끊임없이 변하고, 나 혼자 존재하는 것이 아니라 수많은 인연이 모여 지금 이 순간을 이루고 있음을 알았다.

큰스님께서는 또한 '고통도 부처님의 가르침'이라고 하셨다. 내가 그토록 회피하고 싶어 했던 아픔과 절망의 시간들이 실은 나를 '해탈'의 길로 이끄는 '방편'이라는 말씀이었다. 마치 연꽃이 진흙 속에서 피어나듯이, 내 마음의 연꽃도 고통이라는 진흙 속에서 피어날 수 있었던 것이다.

이제 나는 어두웠던 과거의 시간들조차 감사하게 여기게 되었다. 그 시간이 없었다면 지금의 평안도 얻을 수 없었을 것이다. 지금 이 순간을 알아차리게 되자, 나는 더 이상 '고통의 과거'와 '불안의 미래'에만 머무르지 않게 되었다. 바로 우리가 살아가는 현재에서 배우고, 비추고, 깨어날 수 있다는 사실이 커다란 해방으로 다가왔다. 이러한 숭고한 가르침을 잊지 않기 위해 매일 청년회 법우들과 오픈채팅방에서 수행 인증을 하고 있다. 나에게는 도반들이 전부이다. 같은 방향을 바라보며 수행 정진할 수 있음에 깊고 깊은 감사를 느끼고 있다.

다시 눈뜨는 아침,
회향의 발원

예전의 나는 매일 고통이었고, 아침이면 눈뜨고 싶지 않았다. 지금의 나는 매일 감사하고, 내일이 기다려진다. 아침 햇살이 창가로 스며들 때, 커피 내리는 향기가 공기 중에 퍼질 때, 길가의 작은 들꽃을 바라보며 발걸음을 옮길 때, 심지어는 짜증과 분노가 올라오는 순간에도 나는 부처님의 법을 배운다. 살아 있는 모든 순간이 곧 법이기에, 더 이상 외면할 것도, 두려워할 것도 없다. 이제 나는 고요히 기도한다.

'부처님, 내일도 눈을 뜨게 해주세요. 오늘처럼만 살아도 저는 충분히 행복합니다.'

기도는 나만을 위해 올리지 않는다. 나의 변화가 가족과 친구, 직장동료, 청년회 법우들에게, 그리고 이 글을 읽는 (혹시라도 세상에 대한 원망을 가지고 있는) 누군가에게 작은 희망의 씨앗이 되기를 발원한다.

어둠 속에서 길을 잃고 헤매던 내가 다시 눈을 뜰 수 있었던 것은 오직 부처님의 '가피'와 '법'의 인연 덕분이었다. 살아 있는 모든 순간이 곧 '법'임을 잊지 않고, 모든 순간순간을 감사히 여기며 살아가고 있다. 나의 작은 발걸음이 모든 중생들을 향한 큰 서원의 길로 이어지기를 부처님을 마주 보며 정성스레 기도한다.

나무 석가모니불
나무 석가모니불
나무 시아본사 석가모니불.

군종교구상

내 삶을 바꾼 불교와의 인연

-

덕이 정준우

불교와 인연을 맺다

어렸을 적부터 고등학교 졸업할 때까지 두타산 자락의 삼화사에 다녔다. 불심이 깊어지게 된 계기는 중학교 3학년 때 소녀상 건립을 준비하면서이다.

2019년 한일무역분쟁과 더불어 일본군 '위안부'에 대한 망언이 뉴스에 쏟아질 때, 지역사회에서 소녀상을 세우려고 한다는 소식을 듣고 중학교 학생회장이었던 나도 동참하게 되었다. 청소년을 대표해 '동해 평화의 소녀상 건립 시민추진위원회'에서 공동대표를 맡게 되었고, 일본군 '위안부'와 관련된 책과 기사를 접하며 할머님들의 명예 회복에 일생을 바치신 월주 큰스님과 나눔의집을 우리 종단에서 운영하고 있다는 것을 알게 되었다. 이러한 불교의 사회적 역할에 감명을 받고 불교가 우리 사회에 꼭 필요하다는 것을 느끼게 되었다.

수륙재에 동참하며 꿈을 가지다

삼화사는 국행수륙재가 봉행되는 사찰이다. 수륙재의 특징 중 하나가 바로 '오르단'이다. 오르단 의식은 불보살, 귀신, 영혼, 중생을 제도하기 위해 모든 존재를 평등하게 제단에 모으는 것이다. '천지명양수륙무차평등대재'라는 이름처럼 세상 만물이 평등하고, 차별해선 안 된다는 것이 수륙재의 정신이라 할 수 있을 것이다. 그런데 정치, 사회를 공부하면서, 특히 비수도권에 살아가면서 '수도권에 살든 비수도권에 살든 평등해야 하는데 주거, 교육, 의료, 교통 등 모든 사회 인프라에 있어서 이렇게 차이가 심해도 되는가' 하는 사회적 문제를 느끼게 되었다.

또한 헌법에 대해 공부하며, '인도 헌법의 아버지'라 불리는 암베드카르를 알게 되었다. 불가촉천민 출신이었으나, 많은 차별을 극복하여 카스트제도를 폐지하고 노동자 복지 정책을 수립하는 등 평등의 원칙을 인도에 정착시킨 인물이다. 죽기 두 달 전 불교로 개종하여 '인도 불교의 중흥자'라고도 불린다. 수륙재와 암베드카르를 통해 나 또한 부처님의 평등사상을 바탕으로 '모든 국민이 사회권을 평등하게 보장받게 하고 국가균형발전을 이끄는 공직자'가 되겠다는 꿈을 갖게 되었다.

봉은사에 나가다

남들은 '카공(카페에서 공부)'을 할 때 '절공(절에서 공부)'을 해서 그런지, 종립학교인 동국대학교 행정학과에 입학하게 되었다. 동국대 합격은 부처님의 명훈 가피를 받은 듯했다. 입학을 한 주 앞두고, 삼화사 선덕이신 원명 스님께서 주지로 계시는 봉은사를 찾았다. 주지스님께서는 앞으로의 대학 생활을 응원해주시며 "봉은사 계층 법회 중에 '대학생법회'라고 있는데, 한번 나가봐라."라고 말씀하셨다.

매주 나가야겠다기보다는 '간다고 말씀드렸으니 한번은 가야겠다'라고 생각해서, 3월 첫 주 일요일에 봉은사 대학생법회를 찾았다. 워낙 큰 절이라 대학생 법회의 규모도 클 것이라 생각했지만, 예상외로 나오는 법우 수가 10명이 채 되지 않았다. 신입법우인 나를 대학생법회 지도법사스님께서 반갑게 맞이해주고 정말 잘 챙겨

주셨다. 그래서 다음 주도, 그다음 주에도 법회를 나가게 되었다.

불법에 감사함을 느끼다

처음에는 자의 반 타의 반으로 나간 법회였지만, 점차 스스로 나가게 되었다. 대학을 입학하고 보니 '서울'이라는 낯선 환경에 뚝 떨어져 매일 처음 보는 친구들을 만나야 했고, 또 그 사이에서 안 맞는 친구들도 있었다. 학기 초에 교우관계를 비롯한 여러 가지에서 스트레스를 많이 받았던 것 같다. 봉은사에서 매주 듣는 스님의 법문은 한 주간의 나를 돌아보는 시간이 되었다.

아직도 기억에 남는 것은 한강 야외법회를 했을 때이다. 그때 스님께서는 떨어진 나뭇가지를 주우셔서 동그란 원을 그리시고는 "원 안에 있어도 죽고 원 밖에 있어도 죽는다고 가정하면 여러분은 어떻게 하실 겁니까?"라고 물으셨다. 아무도 답을 못 하자 스님께서 말씀하셨다.

"원을 지우면 됩니다. 우리는 살아가면서 내 편 네 편, 내 사람, 남의 사람, 너무나 많은 벽을 치고 살아갑니다. 그 벽이 지금은 여러분을 편하게 해줄 수 있지만, 결국 여러분을 괴롭게 할 것입니다."

그 짧은 법문은 낯선 서울에서 계속해서 선을 그으며 살아가던 나의 머리를 한 대 세게 내리치는 듯한 가르침이었다. 그 후로, 친구를 대하는 자세를 바꿀 수 있었다. 친구를 내 기준과 잣대가 아닌 그 자체로 보게 된 것이다.

그때부터 대학교에 잘 적응할 수 있게 되었다. 그 변화 이후로 부처님 가르침이 내 삶을 바꾸고 있다는 확신이 들었다.

사명을 가지다

그렇게 1년간 봉은사 대학생법회 법우로서, 일요일마다 열심히 절에 다녔다. 학교에서는 지역미래불자육성 장학생이 되어서 상월결사 마음방생 평화순례(고운사), 대학생동아리 연합 화합 축제 '대동연화', 코엑스에서 〈세계를 뒤흔든 43일〉 시사회와 함께 진행된 '사부대중 전법대회' 등 대학생 전법 활동에 동참하였다. 봉은사와 동국대를 다니며 자연스레 불교와의 인연은 깊어졌다.

그러다 연말이 되었을 때, 지도법사스님께서 대학생법회 회장에 출마해보라는 제의를 하셨다. 고민도 잠시, 1년간 보고 느낀 것을 바탕으로 직접 법회를 이끌어보고 싶다는 의지가 생겼다. 많은 법우들의 응원 덕에 차기 회장에 당선되었다. 주지스님께서는 봉은사가 각인된 염주를 주시며, '봉은사 대학생법회 법우 수를 현재

50명에서 100명으로 만들라'는 미션을 주셨다. 그 미션에 성공해서 봉은사를 대학생이 가득한 도량으로 만들고 싶다는 목표가 생겼다. 꼭 대의를 위해서만은 아니었다.

지도법사스님께서 그해 마지막 법문 때, 극악업과 극선업에 대한 이야기를 해주셨다. 극선업에 대한 말씀을 하시면서, 『금강경』의 구절을 인용하셨다.

> 만약 선남자 선여인이 이 경 가운데서
> 사구게 하나만이라도 받아 지녀 설해준다면,
> 이 복덕이 앞에서 말한 복덕보다 뛰어나다.

스님은 『금강경』을 통해 '전법이 최고의 공덕이다'라는 법문을 해주셨다. 그래서 나는 회장으로서 최고의 공덕인 전법을 할 수 있게 된 만큼, 대학생법회를 키우고 더 많은 대학생, 청년들이 불자가 되었으면 좋겠다고 서원했다.

그때부터 인스타그램을 활성화하고, 염주 만들기, 사경 등에 국한되어 있던 법회 활동을 다양화시켰다. '나는 절로'의 대학생 버전인 '대학생도 절로, 봉은시그널'과 '대학생 명상대회', 대학생 대상의 교리특강인 '부처님 법 배웁시다', 'MBTI별 향수 만들기', '선재스님과 함께하는 사찰음식 만들기' 등의 활동을 통해 사찰의 진입장벽을 낮추고 누구나 와서 법문을 듣고, 즐겁게 신행 활동을 할 수 있는 대학생법회를 만들기 위해 노력했다. 그 결과 여름이 오기 전, 나오는 법우 수가 기존에 비해 3배 늘었고, 봉은사 대학생법회 법우 수도 80명에 육박했다.

할아버지께서 돌아가시다

그렇게 주중에는 학교에서 강의 듣고, 동아리 활동하고, 주말에는 봉은사에서 법회를 이끌었다. 그러던 중, 맞벌이 부모님을 대신해 아주 어렸을 적부터 나를 키워주신 외할아버지께서 돌아가셨다. 서울에서 대학 다닌다고, 주말에는 절에 간다고 고향에 자주 내려가지 못한 내가 미웠다. '주말에 집에 자주 갈걸. 절에서 소임을 괜히 맡았나.' 하는 생각으로까지 이어졌다. 큰 슬픔과 자책에 잠겨 있을 때, 지도법사스님께서 서울에서 동해까지 차를 타고 오셔서 할아버지의 극락왕생을 위해 염불해주셨다. 장례식장에 울려 퍼진 염불 소리는 할아버지 돌아가실 때 곁을 지키지 못한 나 또한 위로해주었다.

장례식을 마치고 다시 서울로 올라갔을 때, 스님께서 밥 한 끼 사주시며 힘내라는 위로와 함께 "목련존자처럼, 앞으로 준우가 더 열심히 공덕을 쌓아서, 할아버지의 극락왕생을 위해 회향하라."라는 말씀도 해주셨다. 내가 불자로서 돌아가신 할아버지를 위해 할 수 있는 일이 무엇인가 고민하게 되었다. 그래서 더 열심히 부처님 법을 전하자고 다짐했다.

부처님을 가까이하다

대학생법회 활동 중 아이디어에 한계가 왔고, 법우 수도 더 이상 증가하지 않았다. 사찰 진입장벽을 낮춘다고 너무 재미에만 치중된 활동을 한 것 아닌가 싶었고, '조금 더 불교적인' 활동에 대한 고민이 커졌다. 그러던 중 여름방학에 친구들과 태국으로 여행을 다녀왔다. 태국은 공항에서부터 숙소와 관광지는 물론, 여행하는 곳곳에 부처님이 모셔져 있었다. 돌아와서 공강 날, 초하루 법회에 참석했다. 주지스님께서 법문 중에 "우리는 상견중생이다. 절에 와서 갖는 간절한 마음이 집에 가면 없어진다. 그래서 집에도 부처님을 모셔서 항상 부처님을 가까이해야 한다."라는 말씀을 해주셨다.

태국 여행을 다녀온 지 얼마 되지 않았기에 그 법문이 정말 와닿았다. 그래서 나부터 지도법사스님께 작은 불상을 점안 받아서 자취방에 모셨다. 항상 지켜보고 계신다는 마음에 행실을 더 바르게 하고, 집을 나가기 전과 후에 부처님께 인사드리는 나를 보고, 우리 삶 속에서 부처님을 가까이하는 것이 실천을 중요시하는 불교 신행활동에 큰 영향력을 미친다는 생각이 들었다. 그래서 대학생법회에서 '부처님을 모십시다' 캠페인을 진행했다. 공부하는 책상에 작은 부처님을 모셔서 항상 부처님을 가까이하고 볼 수 있게 하자는 것이었다. 많은 대학생들이 동참했고, 부처님이 지켜보시면서 나를 지켜주고 있는 것 같다는 후기가 많았다.

열심히 활동해서 임기를 마칠 때 교수붓다회 대학생 전법 우수사례로 선정되며, 봉은사 대학생법회 회장직을 회향했다. 회향할 때 법우들이 직접 쓴 롤링페이퍼를 받았다. 재밌는 법회 시간을 통해 절에 꾸준히 나올 수 있게 만들어줘서 고맙다는 이야기가 가장 뿌듯했다. 임기를 시작할 때의 서원이 이루어진 것 같아 부처님께 정말 감사드렸다.

'대학생전법'에서
'군포교'로

군 입대를 앞두고, 행정병과 군종병을 두고 고민했다. 행정학 전공을 살려보고 싶은 마음도 있었으나 선택은 '군종병'이었다. 대학에 다니는 2년간, 총무원 장학을 비롯한 불교 장학금으로 부모님께 부담드리지 않고 학업에 전념할 수 있었고, 봉은사에 다니면서 귀한 법문도 듣고 회장직을 맡으며 값진 경험을 할 수 있었다. 학교와 절을 통해 받은 소중한 은혜를 군법당에서 법사스님을 보좌하고 법회를 진행하며 군포교를 통해 보답하고 싶었다.

2025년 2월 10일 육군훈련소로 입대해서, 4월 10일 '인제 가면 언제 오나'로 유명한 인제 3군단으로 자대배치를 받아, 지금은 '호국봉암사'에서 복무하고 있다. 자대에 오니, 3개월간 군종병이 없어서 법사님께서 법회, 기도는 물론 부대 업무까지 하시며 법당을 이끌어가고 계셨다. 나는 법당과 요사채 대청소로 자대 업무를 시작해 법당에 필요한 것들을 메모해나갔다. 하나를 해결하면 또 하나가 생기는 이 메모를 모두 지우고 전역하는 것이 나의 목표이다. 그래서인지 남은 군 생활이 짧게만 느껴진다.

전법하는 군종병

나는 새벽예불을 위해 매일 5시 20분에 조기 기상한다. 선임, 동기들이 모두 잠든 시간에 일어나, 부처님을 찬탄하며 입을 떼는 것은 하루를 시작하는 나의 원동력이다. 휴가를 나가는 날에도 새벽예불은 꼭 드리고 간다. 예불을 드리고 나면 해가 뜨기 전에 도량을 청소하며 떠오르는 태양을 맞이한다. 그리고 일과 시간을 통해 내가 적은 메모들을 지워나간다.

용사들이 불교에 대해 많은 궁금증을 갖고 있는 것을 보고, 그 궁금증을 해소해주려고 법사님과 함께 매주 법보를 제작하기 시작했다. 또한, 민간 보살님들이 기도 일정을 모르셔서 법회에 못 나온다는 말씀을 많이 하셔서, 보살님들 단톡방에 내가 들어가 기도 일정을 안내해드림으로써 조금 더 편하게 절에 오셔서 자주 신행 활동을 하실 수 있게 도와드리고 있다. 또한 법사님께서 군종병과 활동으로 GOP나 격오지 위문을 가실 때 위문품을 준비하고, 초급간부 교육 때 PPT와 스피커, 간식과 준비물을 잘 확인해서 교육이 원활히 진행될 수 있게 돕는다.

법회를 진행하며, 용사들이 좌복에 앉는 것 자체를 힘들어한다는 것을 알게 되었다. 법문이 끝나고 일어설 때 다리가 저려 휘청거리는 용사들도 간혹 보였다. '교회나 성당처럼 의자가 있었으면 좋겠다'고 생각했지만, 예산이 없어서 안타까워만 하고 있었다. 그러던 중 휴가를 나가 원명 스님을 만나 뵙고 이 이야기를 드렸다. 며칠 뒤 봉은사에서 '3군단 장병 위문법회'를 잡아주셔서 9월 7일에 봉행했고, 위문품으로 대웅전에 설치할 의자 100개를 보시해주셨다. 그래서 지금은 용사들이 편하게 와서 부처님을 뵙고 법문을 듣고 간다. 주지스님과 봉은사 신도회에 정말 감사드렸고, 내가 더 잘해야겠다는 생각이 많이 들었다.

나의 서원과 목표

군종병인 만큼 앞으로는 보다 많은 용사들에게 불연(佛緣)을 맺어 주고자 법사님과 함께 노력할 것이다. 작년에 대학생법회 회장을 했던 경험을 살려, 대학생들에게 반응이 좋았던 것들을 군법당에서도 하나하나 진행해보고자 한다. 생활관 관물대에 부처님 모시기, 법보 내용을 바탕으로 한 불교퀴즈대회, 경전 구절 캘리그래피, 호국봉암사 사진 공모전, 싱잉볼 명상, 호국불교 역사 발표전 등을 통해 용사들이 더 재밌게 법회에 참여하고, 휴가나 간식 때문이 아닌 내가 2년 전에 경험한 것처럼 '부처님 가르침을 배우고 실천하면 내 삶이 바뀐다는 것'을 꼭 경험하게 해주고 싶다. 지금은 교회의 1/3 정도인 60명 정도밖에 나오지 않지만, 매주 일요일 종교시설 중 법당에 가장 많은 용사가 나오게 하는 것이 군종병인 나의 서원이다. 봉은사 위문법회 때 108명의 용사가 참석한 것을 보고 그 서원이 이루어질 수 있다는 확신이 생겼다.

나는 백천만겁의 시간이 지나도 만나기 어렵다는 불법을 만났다. 동해에서 태어나 삼화사에 다니고, 평등의 가치를 알게 되어 공직자의 꿈을 갖게 되고, 동국대에 입학하여 봉은사에 다니고,

소임을 맡으며 현재는 군종병이 된 일련의 과정이 정말 소중한 불연(佛緣)인 것 같다. 앞으로도 이 불연을 따라, 맡은 바에 최선을 다하고 공덕을 쌓아 어느 자리에서건 불법을 실천하고 전하는 불자가 되고 싶다. 그렇게 해서 상월결사 108원력문의 구절처럼 '불교정신을 바탕으로 사회공동체에 이바지하는 불자'가 되고 싶다. 그 꿈을 안고 오늘도 장병들에게 어떻게 부처님 법을 전할지 즐거운 고민을 하며, 새벽예불을 준비해본다.

동국대학교 총장상

스물다섯, 부처님을 만나다

-

담연 김휘웅

스물다섯
봄날의 균열

"오늘도 불합격이네."

2023년 봄, 나는 열 번째 불합격 통보를 받았다. 노트북 화면에 떠 있는 '귀하의 앞날에 무궁한 발전을 기원합니다.'라는 문구가 유독 비웃는 것처럼 느껴졌다. 스물다섯. 남들은 이미 직장생활 2년 차인 나이에 나는 여전히 도서관과 스터디카페를 전전하며 자기소개서를 쓰고 있었다.

침대에 누워 습관처럼 인스타그램을 켰다. 대학 동기가 올린 해외여행 사진, 고등학교 친구의 승진 자축 포스팅, 누군가의 결혼식 사진들이 끝없이 이어졌다. '좋아요'를 누르면서도 속은 텅 비어가는 느낌이었다. 새벽 3시, 4시가 되어도 잠은 오지 않고 유튜브 알고리즘이 추천하는 영상들만 정신없이 틀어댔다. '성공하는 사람들의 7가지 습관', '월 천만 원 버는 N잡러의 하루', '요즘 MZ세대가 선호하는 직업 TOP 10'….

그러던 어느 날, 엄마가 조심스럽게 말을 꺼냈다.

"아들, 주말에 엄마랑 절에 좀 가지 않을래? 강원도 낙산사에 템플스테이 프로그램이 있대."

"절은 무슨…. 나 바빠."

"뭐가 바빠? 맨날 방에만 있으면서."

엄마의 말이 가슴에 비수처럼 꽂혔다. 맞는 말이었다. 바쁘다는 건 핑계였고, 사실은 아무것도 하고 싶지 않았다. 모든 게 무의미하게 느껴졌다. 결국 엄마의 간곡한 부탁에 못 이겨 따라나서게 됐다. 어차피 집에 있어봤자 핸드폰만 만지작거릴 게 뻔했으니까.

5월의 어느 토요일 새벽, 우리는 낙산사로 향했다. 차창 밖으로 도시의 회색빛 건물들이 점점 사라지고 초록빛 산들이 나타나기 시작했다. 절 입구에 도착했을 때, 먼저 눈에 들어온 건 일주문에 적힌 '방하착(放下着)'이라는 글귀였다.

"내려놓으라는 뜻이래." 엄마가 설명했다.

'내려놓을 게 뭐가 있다고.' 나는 속으로 씁쓸하게 웃었다. 가진 것도 없는데 뭘 내려놓으란 말인가.

낯선 길 위의 망설임

템플스테이 첫날 저녁 예불 시간. 법당에 들어서자 은은한 향냄새와 함께 낮은 목탁 소리가 울려 퍼졌다. 그런데 문제는 절을 하는 것부터였다. 108배는커녕 삼배도 제대로 하기 힘들었다. 무릎은 아프고, 허리는 뻐근하고, 왜 이런 걸 해야 하는지 이해가 안 됐다.

"스님, 꼭 절을 이렇게 많이 해야 하나요? 마음만 있으면 되는 거 아닌가요?"

내 질문에 지도법사스님은 미소를 지으며 답했다.

"그럼 마음은 어디에 있습니까?"

"…"

"몸과 마음이 따로 있다고 생각하시나요? 절은 단순히 몸을 움직이는 게 아닙니다. 교만한 나를 낮추고, 겸손을 배우는 과정입니다."

솔직히 그때는 스님 말씀이 그저 옛날 어른들 잔소리처럼 들렸다. 더구나 새벽 3시 반에 일어나 예불을 드리는 건 정말 고역이었다. '이게 무슨 힐링이야, 차라리 집에서 넷플릭스나 볼걸.' 후회가 밀려왔다.

둘째 날, 다른 참가자들과 차담 시간을 가졌다. 놀랍게도 20대가 꽤 많았다. 다들 비슷한 고민을 안고 있었다. 취업 준비에 지친 취준생, 직장생활에 회의를 느낀 직장인, 진로를 고민하는 대학생…. 한 참가자가 말했다.

"친구들한테 템플스테이 간다고 했더니 다들 이상하게 봐요. 무슨 스님 되려고 그러냐고. 아니면 무슨 큰일 있냐고…."

맞는 말이었다. 나도 절에 간다고 하면 친구들이 어떻게 생각할지 걱정됐다. '쟤 뭐 종교에 빠진 거 아니야?'라고 수군거릴 것 같았다. 우리 세대에게 불교는 너무 멀고 낯선 존재였다.

그런데 이상한 건, 그런 생각을 하면서도 묘하게 이곳의 고요함에 끌린다는 거였다. 핸드폰 없이 보내는 시간이 처음엔 고문 같았는데, 하루가 지나니 오히려 마음이 편해졌다. 카톡 알림, 인스타 좋아요, 이메일… 그 모든 것들로부터 잠시 벗어나니 숨통이 트이는 기분이었다.

108번의 아침,
조금씩 달라지다

템플스테이를 마치고 일상으로 돌아왔지만, 달라진 건 없었다. 여전히 취업은 안 됐고, 불안감은 그대로였다. 다만 한 가지, 그때 받아 온 작은 책자 하나가 자꾸 눈에 밟혔다. '일상에서 실천하는 불교 수행법'이라는 제목의 얇은 책이었다.

'108배… 번뇌를 내려놓는 수행.'

호기심에 한번 해보기로 했다. 처음엔 10배도 힘들었다. 3일 하다가 그만두고, 일주일 뒤에 다시 시작하고, 또 며칠 하다가 포기하고…. 그러기를 반복했다. 그러던 어느 날, 문득 깨달았다. '아, 나는 뭐든 끝까지 해본 적이 없구나.'

그날부터 매일 아침 108배를 하기로 마음먹었다. 처음엔 30분이 넘게 걸렸는데, 한 달쯤 지나니 20분이면 충분했다. 신기한 건 몸의 변화였다. 굽었던 어깨가 펴지고, 만성 두통이 사라졌다. 더 놀라운 건 마음의 변화였다.

38번째 절을 할 때쯤이면 '왜 이런 걸 하고 있지?'라는 생각이 들었다. 65번째쯤 되면 '그만하고 싶다'는 마음이 올라왔다. 80번째가 되면 '조금만 더'라는 의지가 생겼다. 그리고 108번째 절을 마치고 일어설 때의 그 개운함과 성취감은 뭐라 표현하기 어려웠다.

어느 날 친구가 물었다.

"야, 너 요즘 왜 연락이 안 돼? 카톡도 씹고."

"아, 미안. 요즘 저녁에는 핸드폰 꺼놓거든."

"뭐? 왜?"

"그냥…. 디지털 디톡스? 저녁 8시부터 다음 날 아침까지는 핸드폰 안 봐."

친구는 이해할 수 없다는 표정이었지만, 나에겐 꼭 필요한 시간이었다. 템플스테이에서 경험한 그 고요함을 일상에서도 느끼고 싶었다. 처음엔 불안했다. '중요한 연락을 놓치면 어쩌지?' '친구들이 나를 이상하게 생각하면?' 하지만 막상 해보니 별일 없었다. 오히려 저녁 시간이 길어졌다. 책도 읽고, 일기도 쓰고, 가끔은 그냥 멍하니 앉아 있기도 했다.

한 달, 두 달이 지나자 주변에서 변화를 알아차리기 시작했다.

"너 요즘 표정이 좋아졌네?"

"뭔가 여유로워 보여."

나도 느끼고 있었다. 예전처럼 조급하지 않았다. 친구들의 SNS를 보며 비교하는 일도 줄었다. '남들과 다른 속도로 가도 괜찮다'는 마음이 생겼다.

합격보다 중요한 선택

어느 날 면접을 보러 갔다. 이번에도 큰 기대는 없었다. 그런데 면접관이 뜻밖의 질문을 했다.

"자기소개서에 108배 수행을 한다고 쓰셨는데, 특별한 이유가 있나요?"

순간 당황했다. 자기소개서에 그런 걸 쓴 게 실수였나 싶었다.

하지만 솔직하게 답했다.

"처음엔 그저 마음이 힘들어서 시작했습니다. 하지만 매일 108번씩 절을 하다 보니, 포기하지 않는 힘을 기를 수 있었습니다. 또한 겸손함도 배웠습니다. 무릎을 꿇고 머리를 조아리는 행위를 통해, 제 안의 교만함을 내려놓을 수 있었습니다. 이런 경험이 직장생활에도 도움이 될 거라 생각합니다."

면접관들이 고개를 끄덕였다. 한 분이 말했다.

"요즘 젊은 친구들 중에 이런 수행을 하는 사람은 처음 봅니다. 인상적이네요."

결과는 합격이었다. 하지만 나는 그 회사에 가지 않기로 했다. 면접을 보면서 더 중요한 걸 깨달았기 때문이다. 내가 정말 하고 싶은 일이 무엇인지를.

나는 동국대 대학원에 진학하기로 했다. 불교를 제대로 공부하고 싶었다. 부모님은 걱정하셨지만, 나는 확신이 있었다. 이것이 내 길이라는.

"취업도 안 하고 왜 또 공부를 하려고 하니?"

아빠의 걱정 어린 질문에 나는 웃으며 답했다.

"아빠, 부처님 말씀에 '천 리 길도 한 걸음부터'라는 게 있대요. 남들보다 늦더라도, 제 걸음으로 가고 싶어요."

대학원 면접 날, 교수님이 물으셨다.

"불교철학을 공부하려는 특별한 계기가 있습니까?"

“네, 있습니다. 저는 불교를 통해 제 자신을 만났습니다. 남과 비교하며 조급해하던 제가, 이제는 제 호흡으로 살아갈 수 있게 됐습니다. 108배를 하며 배운 건 단순히 인내심이 아니었습니다. 매 순간 깨어 있는 법, 지금 이 순간에 충실한 법을 배웠습니다. 이런 가르침을 더 깊이 공부하고, 저처럼 방황하는 젊은이들과 나누고 싶습니다.”

지금 나는 대학원생이 되었다. 여전히 108배는 계속 하고 있다. 아침마다 하는 이 수행은 이제 내 일상의 일부가 됐다. 가끔 템플스테이에서 만났던 지도법사스님의 말씀이 떠오른다.

“마음은 어디에 있습니까?”

이제 조금은 알 것 같다. 마음은 따로 있는 게 아니라, 매 순간의 행동 속에, 호흡 속에, 지금 이 순간에 있다는 것을.

최근에 후배 한 명이 찾아왔다. 취업 준비에 지쳐 우울하다고 했다. 나는 조심스럽게 물었다.

“혹시 이번 주말에 시간 있어? 좋은 곳 소개해줄게.”

“어디요?”

“불교. 템플스테이라고 있어.”

후배는 처음엔 당황한 표정이었지만, 결국 따라오기로 했다. 1년 전의 나처럼.

자등명,
나만의 빛을 찾다

얼마 전 엄마가 말했다.

"너 정말 많이 변했구나. 예전엔 늘 짜증 나 있고 불안해 보였는데, 요즘은 편안해 보여."

맞다. 나는 변했다. 하지만 특별한 깨달음을 얻었다거나, 갑자기 다른 사람이 된 건 아니다. 그저 매일 조금씩, 한 걸음씩 나아갔을 뿐이다. 108배를 하며, 디지털 기기를 내려놓으며, 호흡을 가다듬으며.

불교는 나에게 종교가 아니라 삶의 방식이 되었다. 꼭 불자가 되어야 한다는 건 아니다. 다만 이 가르침이 주는 지혜를 일상에서 실천하며 살아가는 것. 그것이 내가 찾은 길이다.

지금도 매일 아침 108배를 한다. 첫 번째 절에서는 오늘 하루를 시작할 수 있음에 감사한다. 54번째 절에서는 힘들어하는 모든 청춘들을 생각한다. 그리고 108번째 절에서는 발원한다. 오늘도 깨어 있는 하루를 살겠다고.

방황하던 스물다섯의 나는 이제 스물여섯이 되었다. 여전히 미래는 불확실하고, 가야 할 길은 멀다. 하지만 이제는 불안하지 않다. 내 속도로, 내 호흡으로, 한 걸음씩 가면 된다는 걸 알기 때문이다.

부처님은 말씀하셨다. "자기 자신의 등불이 되어라(自燈明)."

나는 오늘도 내 안의 작은 등불을 켜고 길을 간다. 때로는 바람에 흔들리고, 때로는 꺼질 것 같아도, 그래도 꾸준히 나아간다. 그것이 내가 불교에서 배운 가장 큰 가르침이다.

혹시 이 글을 읽는 당신도 지금 방황하고 있다면, 한 번쯤 멈춰 서서 자신을 돌아보는 시간을 가져보길 권한다. 꼭 절에 가지 않아도 좋다. 다만 잠시 디지털 기기를 내려놓고, 고요히 앉아 자신의 호흡을 느껴보길. 그 작은 시작이 당신의 삶을 바꿀 수도 있다.

천 리 길도 한 걸음부터다. 그 한 걸음을 내딛는 용기, 그것이 시작이다.

오늘 이 작은 수행의 공덕을 방황하는 모든 청춘들에게 회향합니다.

각자의 속도로 걸어가는 우리 모두가 내면의 평화를 찾고 진정한 자신을 만나기를 발원합니다.

서로의 등불이 되어 함께 길을 밝혀가기를 바랍니다.

나무 석가모니불

나무 석가모니불

나무 시아본사 석가모니불.

포교사단 단장상

둥글둥글한 우리 가족 될 때까지

-

여련성 김홍연

하는 데까지
해보겠습니다

『금강경』 천일기도 입재 후 어느덧 400일째 되는 날이었다. 사업장을 운영하며 하루도 빠짐없이 『금강경』을 세 번 독송한다는 것은 결코 쉬운 일이 아니었다. 처음부터 이렇게 정진한 것은 아니다. 포교사가 되어 팀 활동을 시작하면서, 우리 팀이 맡은 소임은 소속 사찰 신도들의 신행을 돕는 '계층 포교'였다. 그 시절, 『금강경』 독송은 한 달에 두 번뿐이었다. 참석하는 인원은 20명을 넘기기 힘들었고, 12명일 때도, 15명일 때도 있었다.

2024년 1월, 내가 팀장을 맡게 되었을 때, 마음속에 작은 불씨가 피어올랐다. "이대로는 안 되겠다. 『금강경』 합송팀을 50명으로 만들겠다." 이 결심은 곧 발원으로 바뀌었고, 나는 대중 앞에서 당당히 그 원을 밝혔다.

그날부터 재적 사찰 정토사 메인 밴드에 홍보글을 올리고, 동문회 연락처에 메시지를 돌리며, 찾아오는 분들을 따뜻하게 맞이하고 출석을 관리했다. 매주 한 사람씩, 또 한 사람씩 늘어난 인원은 6개월 만에 28명에 이르렀다. 그 숫자가 주는 묵직한 뿌듯함이 있었지만, 나의 목표는 여전히 50명이었다. 팀 회의 때마다 '어떻게 하면 더 많은 도반이 함께할 수 있을까' 고민을 거듭했다.

그 무렵, 우리 절 교육국장님이자 2대 단장이신 강학수 석전님이 제안하셨다. "앞으로 매주 『금강경』을 독송하도록 하고, 밴드를 만들어 재가 독송하는 분들의 수를 합계로 내어 관리하면 50명은 금방 넘길 수 있을 겁니다." 그 말에 나는 미소 지으며 답했다. "저도 그 생각을 하고 있었습니다." 문제는 매주 집전을 누가 맡느냐였다. 우리 팀은 1·3·5주를 맡고, 2·4주는 국장님을 포함한 다른 포교사님들이 맡기로 하면서 일정이 완성됐다.

그리고 2024년 7월 4일, 드디어 입재일을 맞았다.

그날은 성황이었다. 무려 61명이 모였다. 새로 태어난 우리의 이름은 '금사모'였다. 팀 활동만 할 때는 내가 관리하는 역할이었지만, 매주 진행되는 금사모는 규모와 무게가 달랐다. 국장님은 나에게 총무를 맡아달라고 하셨다. "잘할 수 있을지 모르지만, 하는 데까지 해보겠습니다." 한 번도 해본 적 없는 일이었지만, 도전해보기로 했다. 복잡한 행정은 국장님이 맡고, 나는 현장 관리와 안내, 후기 작성에 힘을 쏟았다. 회의나 지역단 일정이 있는 날을 제외하곤 한 번도 빠진 적이 없었다.

우리 청보리팀원 14명은 모두 집전을 능숙하게 할 수 있는 실력을 갖췄다. 대중이 많아지니 분위기도 한층 활기찼고, 서로가 주인의식을 품고 움직였다. 이쯤 되니 팀의 단합과 지속성에 대한 걱정은 사라졌고, 마음속엔 고마움과 감사, 그리고 뿌듯함이 차올랐다.

원 없이 기도해보고 싶다는 갈망

사실 나는 지금까지 백일기도든 천일기도든, 온전히 끝까지 해본 적이 없었다. 하고 싶은 마음은 있었지만, 형편이 따라주지 않았다. 남편과 두 아들과 함께 살고 있지만, 남편이 큰 병을 앓은 이후 내가 가장 역할을 맡아 생활을 이어왔다. 그래도 부처님 법을 만난 것이 큰 행운이었기에, 기도할 수 있음에 감사하며 바르게 살기 위해 애썼지만, 늘 마음속에 갈증이 있었다. 『금강경』 1독, 다라니

21독, 천수경 독송, 법화경 사경 등 다양한 수행을 이어왔지만, 늘 '원 없이 기도해보고 싶다'는 갈망이 남아 있었다.

그러던 중 『금강경』 천일기도의 총무를 맡게 되었다. 처음엔 걱정이 앞섰지만, '이참에 짐을 졌으니, 그 짐이 나를 이끌어줄 것'이라는 마음으로 받아들였다. 그리고 그 짐은 정말로 나에게 희망이 되었고, 길을 밝히는 등불이 되었다.

금사모는 날로 성장했다. 많을 때는 80명, 적어도 50~60명은 꾸준히 함께했다. 매일 밴드에 독송을 올리는 회원도 180명이나 됐다. 나와 가까운 이들도 함께했다. 불교를 거의 접해본 적 없던 여동생과 시누이도 책을 보내주며 권유한 덕분에 지금까지 한 번도 빠지지 않고 독송을 이어오고 있다. 두 사람 모두 법명까지 받았으니, 나에게는 가장 큰 보람이자 소중한 포교의 결실이다. 남편도 집에서 『금강경』을 1, 2독씩 하게 되었다.

절에서는 천일기도 1주년을 기념해 금사모 주관으로 『금강경』 특강을 열었다. 7주간 진행되는 강의에 90명 넘게 등록했고, 매주 60명 이상이 열공했다. 수업 중에는 발걸음 소리도 모를 만큼 집중했다. 나는 남편과 함께 절에서 하는 '알아차림 수행'에도 참여했다. 『금강경』 구절을 풀어내며 명상하고 토론하는 시간은, 내 마음의 눈을 열어주었다. 예전엔 유튜브로 『금강경』을 들어도 마음에 와닿지 않았지만, 지금은 듣는 순간 '아하, 이거구나!' 하는 깨달음이 스친다.

어느 날은 유튜브 강의를 듣다 환희심이 일었다. '근기가 약하면 받아들이기 어렵다'는 구절이 이제야 내 마음에 스며들었다. 믿음 위에 쌓인 이해, 그리고 그 이해가 만들어낸 지혜를 일상에서 실천해나가고 있다.

부처님 가피에
그저 감사할 뿐

사실 우리 가정은 그전까지 울퉁불퉁했다. 언제 어디서 터질지 모르는 불안과 긴장이 늘 우리 곁을 맴돌았다.

남편은 십수 년 전 뇌출혈로 쓰러져 중증 수술을 받았다. 천만 다행으로 회복은 했지만, 좌우 신체 균형이 맞지 않아 순발력과 언어 전달 능력에 어려움이 남았다. 그래서 일상에서 힘든 점이 많았다. 운동을 꾸준히 하지 않으면 금세 몸이 반응했고, 조심하지 않으면 바로 문제가 드러났다.

큰아들도 몇 년 전 차를 사서 무보험으로 운전하다가 고속도로에서 3중 추돌 사고를 냈다. 다행히 사람은 크게 안 다쳤지만, 수천만 원의 보상금을 물어야 했다. 그때 남편 몰래 친척 집에서 돈을 빌려 처리했다. 당시는 코로나 시국이라 인쇄소를 혼자 운영하며 매달 2백~3백만 원 적자를 감당하던 시기였다. 돈 천만 원을 빌리거나 대출하면 사라지는 게 순식간이었다. 그 힘든 시절, 시댁의 아주버님 두 분과 친정아버지께서 천만 원씩 선뜻 도와주셨다. 모두가 아픈 남편 곁에서 고생한다는 말을 아끼지 않았다. 그 순간 생각했다. "분명 부처님의 가피가 아니고는 설명할 수 없다." 남편과 함께 깊은 감사함을 나누었다.

작은 아이는 대학에서 미술을 전공했으나 마땅한 취업처를 찾지 못했다. 알바를 전전하며 몇 년을 보내다가, 28살에 다시 전문대학 화공과에 입학했다. 그러나 졸업이 가까워질 무렵 군대 문제로 취업에 고배를 마셨다. 지병으로 인해 군대를 면제받은 것이 취업에 큰 걸림돌이 되었던 것이다. 수많은 면접에서 그 점이 질문이었고, 결국 대기업 문턱을 넘지 못했다. 하지만 포기하지 않고 지인의 추천으로 탱크터미널 회사에 취업했고, 그해 결혼도 했다. 이제 결혼한 지 1년이 지났다.

어느 날, 내가 몇 년 전 다라니를 하면서 적어두었던 발원문을 다시 펼쳐보았다. 그때 나에게도 분명히 큰 변화가 일어났음을 깨달았다.

내가 적은 소원은 그리 큰 것이 아니었다. 아이들이 큰 문제 없이 건강하게 잘 자라 경제적으로 독립하는 것이었다. 지금 큰아들은 완전히 독립했고, 보험영업 관리자라는 자리를 얻어 매일 열심히 일하며 발전하고 있다. 작은 아들도 작년에 결혼해 사랑스러운 며느리를 맞았다. 늦은 나이에 취업에 성공해 학자금 대출을 갚으며 가정을 꾸리고 있다. 얼마 전 며느리가 "어머니, 학자금 이제 거의 다 갚았어요." 하며 고마움을 전했다. 그 순간, 마음 깊은 곳에서 만감이 교차했다.

남편 또한 내가 바랐던 대로, 운동 열심히 하고 담배도 끊고 당구장 출입도 줄였다. 주말에만 가는 정도다. 건강하게 일하고 돈도 벌어 오니, 그 변화가 신기할 뿐이다. 절에 갈 때마다 나는 "부처님, 감사합니다." 하는 말이 자연스레 나온다.

별일 없는 것이 큰 복임을

금사모 천일기도 중간중간에 여러 이벤트가 있었다. 봉정암 순례도 여러 번 다녀왔고, 사찰 순례와 강의, 해외 순례도 있었다. 나는 여건상 해외 순례는 가지 못했지만, 봉정암은 세 차례 다녀왔다. '봉정암은 세 번 가야 한다'는 말을 몸소 느끼고 알게 되었다. 처음 두 번은 오르는 것은 크게 힘들지 않았고, 기도하는 모습이 그저 신기할 뿐이었다. 하지만 세 번째 방문은 달랐다. 공양금을 정성껏 준비하고, 기도 책도 챙겨서 마음을 단단히 하고 갔다.

봉정암에 도착해 공양을 마치고 저녁기도에 참여해 108배를 올릴 때, 내 마음은 달랐다. 내가 지금 이 순간 기도하고 있다는 것을 생생히 느꼈다. 공양금을 내는 마음마저 환희로 가득했다. 저녁기도가 끝난 뒤, 우리 금사모는 사리탑 앞에서 『금강경』 독송을 시작했다.

비가 오다 그치고, 바람이 다소 차가웠지만 기도하기에 오히려 청정한 기운이 감돌았다. 어둠 속 까만 하늘 아래 오직 사리탑만이 환한 불빛을 발했다. 『금강경』 합송의 잔잔한 울림이 그 밤을 가득 채웠다.

읽다가 머리를 들고 사리탑을 바라볼 때, 가슴 깊은 곳에서 찡한 감동이 밀려왔다. '내가 여기서 이렇게 기도하고 있구나.' 그 순간의 감각은 지금도 선명히 기억난다. 이런 기도 자리가 언제 다시 있을까 하는 아쉬움도 함께였다.

기도 선배님들에게 "왜 기도하십니까? 좋은 일이 있습니까?" 하고 물으면, "별일 없는 것이 얼마나 큰 복인지 모른다."라고 하셨다. 그 말씀에 깊이 공감한다.

요즘 우리 집은 울퉁불퉁하던 모습에서 조금씩 부드럽고 평화롭게 굴러가고 있다. 둥글둥글, 별일 없이 흘러가는 오늘이 얼마나 소중한지 새삼 깨닫는다.

우리 삶은 인연의 그물 속에서 살아가는 것임을 실감한다. 함께하는 금사모 도반님들과 청보리팀원들에게 진심으로 감사드린다. 특히 매주 『금강경』을 제안하시고 앞장서 이끌어주시는 강학수 석전님께 깊은 존경과 감사를 전한다.

부처님께 기도할 수 있음에, 그리고 이 귀한 인연으로 만나 함께할 수 있음에 더욱더 감사할 뿐이다.

몇 년 전 나는 10년 후 나의 모습을 그려보았다. 조금은 여유가 생겨, 나도 남들처럼 부처님 공부 열심히 하며, 마음 아픈 사람들을 위해 상담도 하고, 좋은 일을 하면서 살아가는 모습을 꿈꾸었다. 그 꿈을 향해, 오늘도 둥글둥글 한 걸음씩 걸어가고 있다.

— 전국여성불자회 회장상 —

어느새 당신을
따라가고 있습니다

–

반야지 윤은경

어머니와
갓바위 부처님

모르는 전화번호다. 받을까 말까? 잠시 망설이다가 받는다.

"여보세요?"

"저, 대법행 보살님 둘째 며느님이시죠? 무슨 일이 있나 걱정돼서 시골집에 찾아왔어요. 해인사에서 어머니와 같이 기도하던 보살입니다. 어머님이 이렇게 오래 절에 안 오실 분이 아닌데, 전화도 안 되고…. 그런데 동네 어르신이 대법행 보살님께서 돌아가셨다고 말씀하시네요. 건강하시던 분이 어떻게 갑자기."

어머니는 평생을 부처님께 의지하며 살아오셨다. 홀로 다섯 명의 아들, 딸을 키우며 그 누구에게도 표현할 수 없는 외롭고 고단한 삶을 갓바위에 올라가 부처님께 털어놓으셨다. 기도하며 절하며 펑펑 울고는 다시 마음을 가다듬고 산에서 내려와 아이들 앞에선 세상 밝고 씩씩한 어머니의 모습만 보여주었다 한다. 남편이 돌 지나 걷기 시작할 때부터 어머니 손을 잡고 갓바위에 다녔다 하니 어머니가 살아가신 힘은 불심 그 자체가 아니었나 싶다.

내가 결혼해 첫아이를 갖고 9개월 만삭일 때였다. 어머니가 아이 낳기 전에 갓바위 부처님께 한번 다녀오자고 하셨다. 갓바위에 가본 적 없는 나는 아무 생각 없이 그저 바람 쐬러 간다는 생각에 신나는 마음으로 남편과 어머니를 따라나섰다. 그런데 갓바위 가는 길은 평탄한 산길이 아니었다. 올라도 올라도 끝없는 돌계단, 정상을 코앞에 두고는 어찌나 가파르고 힘들던지 그야말로 네 발로 엉금엉금 기어가듯이 울며 겨자 먹기로 겨우 올라갔다. 어머니뿐만 아니라 남편에게도 서운한 마음이 들었다. 나중에 안 일이지만, 만삭의 임부가 (비교적 오르기 쉬운 경산 갓바위 쪽 뒷길도 아니고) 대구 동구 쪽에서 올라가는 것은 정말 위험한 일이었다. 하지만 어머니의 기도 덕분인지 다행히도 건강한 딸아이를 낳았고 나 역시 어머니가 그랬듯이 내 아이가 돌 지나 걷기 시작할 때부터 손잡고 갓바위 부처님께 다니곤 했다.

어머니는 새댁일 때부터 갓바위를 올라다니며 산 중턱 계곡의 다리 건너에 있던 작은 암자와 인연을 맺었고, 자연스레 나도 어머니를 따라 갓바위와 암자에 다니게 되었다. 암자의 스님께서 우리 큰아이 이름도 지어주셨다. 매년 어머니를 모시고 스님께 인사드리러 가는 것으로 우리 가족은 새해를 맞이했다. 식구들의 한 해 운수를 꼼꼼히 봐주시며 올해는 무엇을 조심하고 어떤 마음으로 살아가면 좋을지 늘 긍정적인 방향으로 조언해주시는 스님은 인생의 멘토이자 상담 선생님 같은 느낌이 들어 든든하고 감사했다. 부처님오신날에는 가족 등을 달아야 한다며 손녀들까지 절에 꼭 데리고 오길 당부하는 어머니 말씀에 못 이기는 척 절에 가긴 했지만, 알록달록 예쁜 연등이 줄지어 법당과 절 마당을 수놓은 모습은 그야말로 환희로웠고 청아한 목탁과 풍경 소리는 마음을 편안하게 해주었다. 조상님을 모시는 백중과 한가위를 지나 겨울 동지가 되면 절에서 팥죽을 받아 와 우리 식구들에게 나눠주시는 어머니 덕분에 한 해를 잘 마감할 수 있었다.

어머니도 나도
불교대학으로

그렇게 소풍 삼아 한 번씩 절에 다닐 때는 참 좋았다. 그런데 어느 날부터 어머니는 우리가 정신없이 바쁘고 힘들 때도 당신과 같이 절에 가줬으면 바라고, 안 좋은 일이라도 생기면 너희들이 부처님을 열심히 믿지 않아서 그렇다는 둥, 부처님께 잘해야 복을 받는다는 둥 도무지 합리적으로 이해하기 어려운 억지스러운 말씀을 거듭하셨다. 학교 다닐 때 배운, 미신과 다를 바 하나도 없는 현세기복적인 불교를 강요하는 어머니가 난 점점 싫어졌다.

"어머니, 부처님이 무슨 신도 아니고. 만약 신이라 해도 그렇죠. 인간이 안 믿는다고 벌주고, 믿는다고 복 주면 그건 너무 옹졸한 부처님 아니에요?"

남편은 절에 매일 가는 것도 아니고 어머니가 가끔 절에 같이 가면 그렇게 좋아하시고 다 우리를 위해서 그러는 거니 괜한 분란 일으키지 말고 어머니 말씀대로 하라고 도리어 나를 나무랐다. 속으론 도저히 이해할 수 없어 짜증과 불만이 가득했지만, 남편 말대로 좋은 게 좋은 거겠지 생각하며 어머니와 남편에 맞춰 살던 어느 날, 우리 동네에 불교대학이 생겼다. 불자들을 대상으로 불교에 관한 기본적인 상식과 예절, 예불에 관해 체계적으로 가르치고 『반야심경』, 『금강경』 같은 경전 공부도 단계적으로 할 수 있다고 했다. 고등학교 때 배운 불교의 삼법인, 사성제, 팔정도, 연기에 관심이 많았고 여러 큰스님과 법정 스님, 현각 스님의 책을 읽으며 불교에 호감을 지닌 나에게 불교대학 소식은 정말 솔깃했고 이후 어머니와 좋은 관계를 맺는 계기가 되었다.

'어머니부터 불교대학에 보내드려야겠다!' 생각하고 얼른 절에 가서 등록하고, 책과 명찰이 담긴 예쁜 체크무늬 절 가방을 어머니께 드렸다. 생각대로 어머니는 정말 좋아하셨다.

어머니는 어릴 적 동네에서도 아주 총명한 아이였다고 한다. 초등학교 시절에도 늘 1등을 놓치지 않았고 선생님들의 사랑을 한 몸에 받았는데 노름으로 전 재산을 탕진한 아버지 때문에 중학교에 가지 못해 평생을 공부 못 한 한을 가진 채 살아왔다. 늘 책을 읽고, 책이 없으면 신문이나 잡지, 심지어는 버려진 전단까지도 주워 읽으실 정도로 글 읽는 걸 좋아하셨다.

그런 어머니라 불교대학에 다니는 걸 엄청난 자랑으로 생각하고, 열심히 절에 공부하러 다니셨다. 자식들 키우느라 사는 게 힘들어 그저 부처님한테 매달리기만 하고 도와달라고 떼만 썼는데, 드디어 제대로 된 불교 공부를 하고, 사경도 하고, 예불과 각종 행사에 참여하게 되었다고 나에게 고마워하셨다. 어머니는 솔선수범으로 공부하고 기도하고 봉사하는 노보살님으로, 젊은 도반들에게 존중과 존경을 받으며 무척 행복하게 절에 다니셨다.

어머니에 이어 나도 불교대학에 다니며 경전을 공부했다. 당시 큰아이가 유치원 다니기 전이라 데리고 다녀야만 했는데, 아이는 내가 공부하는 동안 옆에 앉아 미리 챙겨 간 책을 보거나 그림을 그리며 조용히 함께했다.

연말에 불교대학에서 개근상을 받을 때 늘 딸아이를 지켜보았던 큰스님께서 "거기 아가, 니가 엄마보다 더 훌륭하다. 이리 앞으로 나온나." 하시며 불전에 놓인 커다란 사탕 봉지 두 개를 주셨다. 도반님들이 함박웃음을 지으며 우레와 같이 박수를 보내준 기억이 아직도 생생하다.

손자, 손녀들이 커가며 줄줄이 대학입시를 치르고 자식들도 한창 바쁜 40~50대에 접어들자, 평일엔 불교대학 다니며 손주들 돌봐주고 늘 기도하던 어머니가 무슨 생각이신지 금요일마다 무거운 소금 자루를 사 배낭에 넣고 갓바위에 올라가셨다. 칠순이 훌쩍 넘어 허리도 굽었는데 무거운 소금을 메고 올라가시니 걱정되어 매번 말렸지만, 어머니는 신기하게도 갓바위 올라갈 때는 정말 하나도 안 무겁다고 하얀 거짓말을 하시며 웃으셨다. 나중에야 어머니 뜻을 알게 되었는데, 적은 돈으로 많은 사람에게 보시하고 싶은 마음에 어머니가 택한 것이 소금이었던 것이다.

모든 음식에 반드시 들어가는 소금처럼 어머니는 언제 어디서나 꼭 필요한 존재셨다. 주말에는 불자들뿐만 아니라 일반 등산객들도 갓바위에 많이 오기 때문에 일손이 모자란다며 절에서 주무시며 종무소 일을 도왔다. 바쁜 주말을 갓바위에서 보내고 일요일 밤이면 절에서 받은 떡, 과일, 사탕 등을 배낭 가득 채워 버스를 갈아타며 우리 집으로 곧장 달려오셨다.

무거운 짐을 지고 들고 그렇게 몇 년을 다니던 어머니도 세월에는 장사가 없는지라, 연로하고 허리가 고장 나 이젠 더 이상 소금을 메고 갓바위에 올라갈 수 없게 되었다. 꼭 절에 가야만 기도가 되는 게 아니라고, 어머니는 평생 충분히 잘하셨다고 말씀드려도 어머니는 절에 못 가니 부처님께 죄스럽고 갑갑한 마음에 영 찜찜하셨나 보다. 하기야 우리 어머니가 그냥 포기하실 분이 아니지. 시골집이 합천에 있었지만 결혼한 자식들 도와준다고 어머니는 오랜 세월 집을 비우고 이 자식 저 자식 집에 다니느라 바빴다. 이제 드디어 본가에서 편하게 지내며 합천 해인사에 다니기로 한 것이다. 역시 우리 어머니구나 싶었다.

해인사의 신심 깊은
대법행 노보살님

시골 본가에 들어간 어머니는 동네 어르신들과 참 잘 지내셨다. 평소 이웃을 내 몸처럼 챙기고 바쁠 때는 일손도 거들어드리는, 그야말로 '무주상보시'가 생활화된 부지런한 어머니였기에 대문이 따로 없던 어머니 집 현관문 앞에는 금방 딴 호박잎, 고추, 오이, 쌀 한 봉지, 양파 몇 개, 떡, 반찬 등 동네 분들이 놓고 간 먹거리가 끊이지 않았다.

한글을 모르는 동네 할머니들이 은빛학당이라는 한글 배우기 프로그램으로 마을회관에 모여 공부할 때는 어머니가 선생님의 조교 역할을 하며 은근 뿌듯해하셨다. 평소 사경을 하니 글자도 정말 예쁘게 써서 동네 어른들이 어머니를 엄청 부러워했다고 한다. 동네 어르신들이 모여서 같이 식사도 하고 화투도 치고 텔레비전을 보며 노실 때도 어머니는 한쪽에 앉아 불교 경전을 읽고 사경을 하고 신문을 읽으셨다. "어머니, 혼자 그러시면 왕따 안 돼요?"라고 여쭈면 동네 사람 모두가 엄마는 원래 그러는 줄 알고 아무 소리도 안 한다며 은근히 뽐내셨다.

어머니는 갓바위에 다닐 때처럼 시골집에서도 금요일에 해인사에 가서 조석으로 예불에 동참하고 철야기도까지 다 하시고 댁으로 돌아왔다. 보청기를 하고도 소리를 잘 듣지 못하셨기에 항상 맨 앞자리에 앉아 스님의 입 모양을 빤히 쳐다보며 법문을 듣고, 철야기도 할 때도 단 한 번도 졸지 않고 자리에 꼿꼿하게 앉아서 하셨기에 해인사에 가면 신심 깊은 대법행 노보살님을 모르는 분이 없었다.

어머니는 공부를 정말 중요하게 생각하는 분이라 며느리 중에서도 항상 책 읽고 공부하는, 똑똑하고 성실하고 정직한(어머니께서 하시던 말씀이지 자화자찬이 아니다) 둘째 며느리를 정말 과분하게 예뻐해주셨다. 내가 40대 후반의 나이에 대학원에 진학해 교육철학을 공부한다 하니, 나를 한참 뚫어지게 쳐다보며 "니 나중에 철학관 차릴라꼬 그라나?" 하셔서 웃기도 했다. 공부하는 며느리가 그리도 대견한지, 대학원 수업을 마치고 늦은 저녁 집으로 운전해 가며 어머니께 안부 전화를 드리면, 마을회관에 어르신들 소리가 시끌벅적한 가운데 스피커 폰 너머로 "그래, 우리 윤 오마이가? 공부하고 인자 집에 가나? 피곤하제? 밥은 묵었나? (누꼬? 우리 둘째 며느리다. 지금 대학원 안 다니나) 엄마는 잘 지내니까 걱정하지 말고." 며느리 자랑에 신이 난 어머니의 목소리를 들을 수 있었다. 식구들은 나에게 시큰둥 무관심했지만, 어머니는 내가 다시 공부하는 걸 가장 좋아하며 응원해주셨다.

어머니의
마지막 여정

철학을 공부하니 불교 교리와 일맥상통하는 것이 많다. 불교는 구원의 종교인 기독교와 달리 깨달음의 종교이다. 이 세상에 변하지 않는 고정된 실체는 없다. 나라는 실체도, 어떤 하나의 불변의 진리라는 것도 없다. 연기에 의해 우리는 모두 연결되어 있다. 분별심 없이 너와 나라는 상에 머무르지 않고 텅 빈 마음으로 세상을 바라보고, 나 자신을 성찰하며 항상 나누고 베푸는 보살의 마음으로 충만하게 살아가는 것이 일상의 행복이고 감사라 생각한다.

교육철학에서 배우는 상호작용과 배려와 존중, 협의, 조화로운 삶, 자신을 먼저 갈고닦은 후 타인과 사회를 위해 넓고 깊게 베풀고 나누는 민주적인 삶의 형태는 바로 2,500여 년 전 부처님께서 말씀하신 무아와 연기와 보살행과 다름이 없다.

어머니는 가끔 우리 집에 오실 때마다 며느리가 도대체 무슨 철학을 공부하는지 궁금해하며 책장에서 내 책을 꺼내 들여다보셨다. "야야, 한글인데 읽어도 무슨 소린지 하나도 모르겠다." 하시며 늦은 밤 식탁에 앉아 공부하는 며느리 앞에서 『반야심경』, 『금강경』, 〈광명진언〉 등을 사경하셨다. "어머니 피곤하신데 얼른 들어가 주무세요. 저도 곧 잘게요." 하면 엄마는 하나도 안 피곤하다며 나와 함께하셨다. 누우면 바로 코 골며 세상모르고 주무시면서도 말이다. 어머니는 그렇게 언제나 하나도 안 피곤한, 마냥 밝고 건강한 분이었다. 아니, 어머니는 언제나 하나도 안 피곤하고 밝고 건강한, 영원히 그런 분인 줄만 알았다.

막내아들이 거듭된 도박으로 가정이 풍비박산 나고 가족이 해체되며 하던 일도 접고 우울증과 자포자기로 살아갈 힘을 잃게 되자 결국은 어머니가 계신 시골집으로 들어가 살게 되었다. 그동안 혼자 다섯 남매를 남 부럽지 않게 잘 키워낸 자존심과 자긍심으로 부처님을 의지하며 당당하게만 살던 구순의 어머니는 중년의 나이에도 정신을 차리지 못한 막내아들과 함께 살며 몸과 마음이 급격하게 쇠약해졌다. 아마 이웃집 숟가락이 몇 개인지 알 만큼 시시콜콜한 것까지 다 궁금해하고 간섭하는 시골 동네라 그 속에서 어머니는 체면을 잃어 동네 다니는 것도 예전처럼 편치 않았으리라.

형제들이 경제적으로는 도와줄 수 있었지만, 정작 망가진 막내아들은 어머니 몫이 되어버렸다. 어머니는 당신이 아들을 바꿀 수 있고 또 바꿔야만 한다고 생각했고 그럴수록 더욱 절에 의지했다. 막내의 마음을 돌리고 어떻게든 다시 사람을 만들어보겠다고 허리도 못 펼 만큼 아픈데도 철야기도를 계속하고 온갖 불사를 다 하고 싶어 했다. 지푸라기라도 잡고 싶었을 어머니의 간절한 마음을 이해는 했지만, 언제까지 저러시려나 걱정이 되기도 했다. 그러던 중 어머니가 폐렴에 걸려 병원에 입원하셨고 며칠 뒤 주말에 뵈러 간다고 했는데 토요일 새벽, 갑자기 전화가 왔다.

그렇게 어머니는 홀로 병원에서 돌아가셨다. 아무도 어머니의 마지막을 보지 못했다. 어머니 모습은 너무나 평안했다. 어머니는 늘 그러셨다. 당신은 명이 짧게 태어났는데 부처님 덕분에 오래 살게 되었다고. 당신은 마지막에도 분명 기도하다 가거나 조용히 자는 길에 갈 거라고. 자식들 힘들게 하지 않고 고통스럽게 아프지 않고 단번에 갈 거라고 하셨다. 평소의 말씀처럼 어머니는 그렇게 가셨다.

부처님 법 알게 해준 어머니 덕분에

몇 해 전 코로나가 계속되던 겨울, 어머니랑 손잡고 절에서 운영하는 봉안당을 몇 군데 알아보러 다녔다. 어머니 마음에도 쏙 드는 가까운 곳을 정해 가장 먼저 시조부모님을 모셨다. 재작년엔 산소를 정리해 아버님을 모셨다. 작년 가을 (그렇게 일찍 가실 줄 몰랐는데) 어머니도 아버님 옆으로 모셨다.

돌아가신 시댁 어른들 모두가 어머니와 내가 손잡고 다니며 직접 알아본 그곳에 함께 계신다. 우리 집에서 1km도 떨어지지 않아 마치 가까이 살고 계신 듯하다. 어머니 돌아가시고 당연히 지낼 줄 알았던 49재를 시아주버님이 안 지낸다 해서 무척이나 서운했지만 어쩔 수 없었다. 죽음을 통해 가장 가깝고 가장 잘 안다고 생각했던 사람들을 새롭게 알게 되었다. 그렇게 인생을 배워나가나 싶다.

49재를 못 지내 시댁 형님들도 우리도 몹시 서운하던 즈음, 때마침 신기하게도 백련암에서 '광명진언 100일 기도'를 한다는 연락이 왔다. 이건 무슨 의미일까? 어머님이 살아 계실 때 늘 사경하고 외우시던 광명진언 기도라니. 바로 절에 연락하고 입재 날 어머니 사진을 챙겨 보조석에 놓고 백련암으로 운전해 갔다. 그리고 100일 동안 매일 아침 어머니가 좋은 곳에 가시기를, 우리 자식들 걱정일랑 하지 말고 편안하게 그곳에서 공부하며 재미나게 사시기를 기도했다.

어머님이 절에 계속 안 오시자 걱정되어 어머니 집까지 찾아오신 보살님은 내게 어머니 짐이 해인사에 있다고 했다. 이미 시골집은 다 정리된 후였다. 아쉽던 차에 어머니 유품을 정리하러 남편과 함께 해인사로 갔다. 어머니가 매주 철야기도 하고 잠깐 주무시며 사용하던 요와 이불, 베개, 땀으로 얼룩진 여분의 법복, 가방 속의 여러 소지품을 보니 어머니가 생각나 마음이 아팠다. 집에 가져와 하나하나 살펴보고 정리했다. 어머니가 항상 사용하시던 108 염주와 네임펜으로 '법보종찰 해인사'라고 곱게 쓴 반들반들한 돌멩이를 유품으로 간직하고 있다.

나의 친정 부모님은 기독교인이다. 그런 내가 시집와서 무속신앙같이 부처님을 떠받드는 어머님을 보며 처음에는 못마땅하기도 했지만, 어머니와 같이 불교 공부를 하며 서로를 이해하게 되었다. 그리고 어느새 나 역시 어머니와 똑같이 경전을 읽고 사경을 하고 절을 하며 나 자신과 식구들을 위해 기도한다. 나도 모르게 어머니를 닮아가고 있다.

작년 10월 어머니가 돌아가신 즈음부터 어려운 경기 속에 회사 경영도 힘들어져 올해 초부터 직원들의 급여를 제때 줄 수 없는 상황이 되었다. 돌아서면 대출이자와 각종 세금 납부 기한이 닥치니 하루하루가 힘든 나날이다. 하지만 포기하지 않고 기도하고 일하며 대학원 공부도 게을리하지 않고 잘 버티며 살고 있다. 오랜 세월 함께한 직원들도 내 마음과 사정을 잘 알고 있어, 자금이 생기는 대로 급여를 지급하는 것을 양해해주고, 흔들림 없이 같이 고통을 분담하고 오히려 힘든 대표를 위로해준다. 어머니처럼 간절한 마음으로 정직하고 성실하게 살다 보니 힘은 들지만 모두의 도움으로 잘 이겨내고 있다. 무엇이 나에게 이런 힘과 용기와 믿음을 준 걸까?

2년 전 3학기 만에 석사 논문을 쓰고 조기 졸업했을 때 가장 기뻐하시던 우리 어머니, 전화할 때마다 동네 할매들 다 들으라고 큰 소리로 자랑하듯 전화하던 우리 어머니의 쩌렁쩌렁한 목소리를 더 이상 들을 수 없어 슬프다. 해인사에서도 기도할 때마다 5남매와 다른 며느리, 사위들 다 놔두고 유독 내 사진을 앞에 놓고 기도하셔서 친한 보살님들은 대법행 보살님 둘째 며느리를 모르는 분이 없다. 그렇게 나를 예뻐하고 믿고 사랑해주신 어머니, 이제 나도 시집갈 나이가 된 큰딸과 수능을 앞둔 둘째를 보며, 자식을 위해 할 수 있는 일이라곤 오직 기도로써 용쓰는 것 외엔 아무것도 없었던 어머니 마음을 이해한다.

부처님처럼 되리라 기도하며 내 마음을 먼저 다스릴 줄 알아야, 환하고 크고 평온한 마음으로 가족과 회사 직원들, 지인들, 그리고 어디에서나 마주치는 온갖 인연들을 편하게 대할 수 있으니 기도는 우리 삶을 건강하고 행복하게 해주는 감로수와 같다. 매일 출퇴근할 때 스님들 법문을 유튜브로 듣고, 일하다 힘들면 『금강경』을 사경하고, 『신심명』을 읽고 쓰며 어머님의 모습을 떠올린다. 이젠 들을 수 없고 볼 수 없고 만질 수 없는 어머니지만 항상 내 마음 한가운데서 여전히 나를 지지하고 응원해주신다. 부처님 법을 알게 해준 어머니 덕분에 나는 여전히 강하고 밝고 평온한 마음으로 살아갈 힘과 용기와 믿음을 얻는다.

젊은 날 어머니는 내 곱고 기다란 손가락을 보며 "이 손은 공부나 하지 집안일이라곤 하나도 못 하게 생겼다."라고 핀잔을 주면서 설거지까지도 당신이 해주셨다. 겨울이면 차가운 내 손을 따뜻한 당신 손으로 꼭 잡아주셨다. 먼 훗날 그곳에서 다시 만나면 이젠 내가 어머니의 손을 꼬옥 잡아드릴 거다.

어머니, 사랑합니다. 감사합니다. 그립습니다.

특별상

인연

-

김○○

1

"피고 김○○의 항소를 기각한다."

그 순간, 재판정 안은 가족들의 울음소리로 가득 찼다. 나는 그곳이 재판정인지 아닌지도 분간이 안 될 정도로 멍한 상태로 허공만 바라보고 있었다. 그렇게 내 삶은 지금까지와는 다른, 어둡고 고통스러운 삶 속으로 한발 들어가게 되었다.

이제 나는 이름이 아닌 ○○○번 사형수로 불리게 된 것이다.

2

팔이 너무 저려 자다 깨기를 무수히 반복해야만 아침을 맞이할 수 있었다. 온종일 수갑을 차고 살아가야만 했기에 언제나 손이 통통 부어 있었다. 밥을 먹을 때도, 화장실을 갈 때도 수갑은 낙인처럼 내 몸에 붙어 있었다. 육신의 고통은 나 혼자 겪어내면 그만이었기에 참아낼 수 있었지만, 접견 오는 가족들 앞에 수갑을 찬 모습으로 서 있을 때는 당장 죽고 싶은 마음밖에 없었다. 접견 시간 내내 울다 돌아가는 가족들을 본다는 건 그 어떤 형벌보다 마음을 힘들게 했다. 28세의 외동아들이 사형수가 되어 있는 모습은 어머님마저 지옥 같은 삶으로 몸을 던지게 했다. 그렇게 나는 사람 죽인 사형수가 되어 고해 속에서 허우적거리게 되었다.

사형수의 삶이란 죽음을 기다리는 나날이다. 내 목숨이 타인에게 맡겨져 언제든 죽을 수 있기 때문이다. 난 넋이 빠진 사람처럼 지냈다. 마음속에는 온갖 부정적인 사념들이 가득 차 있었다. 원망, 후회, 자책, 아쉬움 등. 나 때문에 생명을 잃은 사람에 대한 참회는 없었고, 오로지 나에 대한 연민과 안타까움만 커지던 때였다.

3

그날은 너무나 조용한 아침이었다. 원래 그 시간에는 직원들이 수용자들 운동시키느라 시끌벅적한데 이상하게 정적만 감돌았다. 같은 방 사람이 접견 다녀온 후에야 나는 사정을 알게 되었다.

"김○○ 씨. 이 말을 해도 될지 모르겠지만 지금 사형 집행한다고 난리가 났어요. 복도에 직원들이 깔려 있고 벌써 사형장으로 끌려간 사람도 있다고 합니다."

난 뒤통수를 한 대 세게 맞은 듯, 놀래서 안절부절못하다가 겨우 정신을 추스르고는 부랴부랴 냉수로 몸을 닦고 사형장에 갈 때 입으려고 준비해둔 깨끗한 속옷으로 갈아입었다. 그리고 하얀 고무신을 손에 쥔 채 창문 앞에 서 있었다. 나름 죽음을 각오한 사람처럼 의연해 보이려 노력했지만, 긴장으로 떨리는 두 발과 온몸에서 흘러나오는 땀 때문에 누가 보아도 넋이 나간 사람의 모습이었다. 제일 끔찍했던 순간은 바로 옆방의 사형수가 끌려갔을 때였다. 내 방 앞을 지나가면서 분명 눈이 마주쳤는데, 그 눈빛은 이미 내가 아닌 다른 먼 곳을 보는 것처럼 텅 비어 있었다. 집행이 있던 날 이후, 난 조금 남아 있던 삶의 욕구를 놓아버렸다. 운동도 안 나가고 가족 접견도 거부하고 방구석에 처박혀 벽에 머리를 찧고, 울고, 소리 지르고, 혼자 중얼거리는 이상행동을 수시로 일으켰다. 그렇게 나는 점점 죽음 속으로 걸어 들어가고 있었다.

4

그날도 나는 얼마 남지 않은 소중한 시간을 망상 안에서 허비하고 있었다. 그때 사복을 입은 한 사람이 나를 찾았다.

"김○○ 씨. 교무과 최 주임입니다. 잠시 면담 좀 할 수 있을까요?"

"싫습니다."

나는 한마디로 거절하고 몸을 돌려 누워버렸다. 하지만 최 주임님은 매일이다시피 찾아왔고 나는 조금씩 마음의 문을 열었다. 그리고 결국 나는 최 주임님과 교무과 작은 사무실에 앉아 있게 되었다.

사무실은 내가 알고 있던 일반적인 사무공간과 달리, 제단에 불상과 꽃이 놓여 있었고 천장에는 연등이 달려 있었다. 그곳이 법당이라는 사실을 나중에야 알았다. 솔직히 첫 느낌은 점집이나 무당집이 떠올라 기분이 썩 좋지는 않았다. 이런저런 이야기 끝에 최 주임님은 말했다.

"○○ 씨. 불교 공부 한번 안 해볼래요? 삶을 바로 보는 데 큰 도움이 될 겁니다."

"에이. 됐어요. 곧 죽을 놈이 공부는 무슨."

나는 바로 거절하고 방으로 들어왔다.

이상한 일은 밤에 일어났다. 잠자리에 누웠는데 낮에 법당에서 들었던 경을 읽는 소리가 귓가에 계속 맴돌았다. 며칠이 지나도 그 소리는 사라지지 않았고, 정확한 음도 모르면서 따라 흥얼거리는 일이 잦아졌다.

또다시 찾아온 최 주임님에게 "최 주임님, 우리가 법당에서 들었던 게 뭡니까?" 하고 물었다. "아! 그거요. 천수경입니다. 왜요? 또 듣고 싶어요?" 난 왠지 쑥스러워서 "아니요. 그냥…." 하면서 말끝을 얼버무렸다. 다음 날, 최 주임님이 내게 『부모은중경』과 『천수경』 그리고 작은 단주 하나를 가져다주었다. "○○ 씨, 불교 믿으라고 주는 거 아닙니다. ○○ 씨 마음이 편해지길 바라는 뜻으로 주는 겁니다. 깊게 생각 말고 천천히 한번 읽어봐요."

난 그날, 태어나 처음으로 불경을 읽었다. 알 수 없는 게 사람 마음이라고, 화선지에 먹이 스며들듯이 나는 부처님 말씀에 스며들었다. 특히 『부모은중경』을 읽을 때는 접견 거부를 해도 매일 찾아오시는 어머님 생각에 흐르는 눈물을 주체하지 못해 수건을 몇 번이나 적셨다.

5

자세한 뜻도 모르면서 온종일 『반야심경』과 『천수경』 그리고 『부모은중경』을 읽었다. 보고, 읽고 하는 행위 안에서 나를 괴롭히던 공포와 두려움이 사라지는 걸 느꼈다. 어떤 깨달음을 얻기 위한 그런 큰 의미가 아닌, 무언가 할 수 있다는 사실이 기쁨으로 다가왔다. 하루는 최 주임님과 법당에 나갔는데 연세가 지긋하신 남자분이 앉아 계셨다. “○○ 씨, 노법사님이십니다. ○○ 씨가 공부하는 데 많은 도움이 될 겁니다.” 난 어색하고 서먹한 기분에 “아, 예.” 하고 말았다.

그렇게 또 하나의 인연이 생겨났다. 노법사님은 내게 『반야심경』 사경집을 주셨다.

“떠올리기 싫겠지만 한 글자 쓸 때마다 피해자를 생각해라. 그리고 참회하고. 그래야 한다. 그게 아니라면 불교 공부 또한 다 헛것이니.”

난 법사님 앞에서 눈시울을 붉히며 말했다.

“법사님, 죽을 때 잘 죽고 싶습니다. 정말 잘 죽고 싶습니다.”

“얼마의 시간이 우리에게 있을지 모르겠지만, 마지막까지 내가 옆에 있으마. 걱정하지 마라.”

5

법사님과의 만남 이후로 내 삶의 궤적이 바뀌어나갔다. 사경을 하기 전에는 반드시 몸을 정갈하게 하였고, 사경집을 앞에 두고 108배를 올린 후에 한 자 한 자 정성을 쏟아 『반야심경』을 적어나갔다. 수갑 찬 손으로 글을 쓰자니 온갖 통증이 날 괴롭혔지만, 여기서 멈출 수 없다는 의지만 더 강하게 만들어줄 뿐이었다. 사경을 하면서 예전에 내가 품고 있던 욕망들이 얼마나 부질없는 것들이었는지 알 수 있었다. 가족을 대하는 태도에도 변화가 생겼다. 전에는 접견 시간에 서로 괴로워하다가 헤어지는 일이 다반사였지만, 사경 이후에는 주로 위로와 치유의 시간을 가지게 되었다. 어머님도 시간이 나실 때마다 도선사에서 기도하셨고, 기도 중에 느끼셨던 일들을 말씀해주셨다. 비록 감옥 안이지만 나의 시간이 바르게 가고 있다는 걸 알 수 있었다.

매주 화·목요일에는 법당에 나가 예불을 올리고 법사님께 불교를 배웠다. 법사님은 주로 『금강경』에 대한 법문을 들려주셨다. '일체유위법, 여몽환포영, 여로역여전, 응작여시관' 『금강경』 사구게에 이르러서는 "형상이나 물질에 현혹되지 말고 마음의 중심을 잡는다면 네가 있는 곳이 감옥일지라도 거기가 바로 부처 자리이다." 하셨다. 난 깊은 뜻을 이해하진 못했지만, 그 말씀이 너무 좋아서 『금강경』 32품을 모두 암송하리라는 작은 서원을 품었다. 그때부터 『금강경』 암송을 주 일과로 삼고 하루 대부분을 부처님 공부 안에서 살게 되었다.

6

불교를 접하고 처음으로 맞이하는 '부처님오신날'이 코앞으로 다가

왔다. 내게 더욱 의미가 있었던 것은, 그날 수계식과 연비의식이 같이 있어서 내가 법명을 받고 불자로서 새롭게 태어나는 뜻깊은 날이었기 때문이다.

나는 '부처님오신날'에 내가 할 수 있는 것을 생각해보다가 부처님 법을 세상에 실어 나르는 '반야용선'을 만들기로 마음먹고 용선 제작에 들어갔다. 대략적인 밑그림을 그린 후, 안에서 버려지는 잡지들을 일일이 수거해 빳빳한 종이만 잘라 종이끼리 끼울 수 있게 삼각형 모양으로 만들었다. 그리고 풀을 이용해 길게 이어 붙이고, 종이를 돌돌 말아 돛대를 만들고 수건에서 빼낸 실을 단단하게 꼬아 돛을 지탱하는 돛줄을 만들었다. 수갑 찬 손목이 쓸려 짓무르고 손가락 관절은 고통을 호소했지만, 반야용선을 부처님 전에 올려야 한다는 일념 하나로 끝까지 작업할 수 있었다.

원래 감옥 안에서는 그런 제작 물품을 만들 수 없다. 나의 가장 큰 걱정도 '직원이 제지하고 압수하면 어떡하나'였다. 그러나 신기하게도 수많은 직원이 반야용선을 봤음에도 아무런 말이 없었다. 배의 크기가 거의 1미터에 가까워 숨길 수 없는 크기였음에도 그랬다. 지금도 부처님의 보살핌이 있었다고 믿고 있다.

반야용선 뱃머리에는 부처님상을 모시고, 가운데에는 108번째 사경한 『반야심경』을 올렸다. 계획한 대로 '부처님오신날'에 반야용선을 부처님 전에 무사히 모실 수 있었다. 그리고 수계를 하고 '법륜'이라는 법명도 받았다. 이제야 부처님의 제자가 된 것이다. 법사님은 “법륜아!” 하시며 나를 꼭 안아주셨다. 울컥거리는 마음을 달래느라 애를 먹었던 시간이었다.

7

그래도 삶 속에서 수많은 아집과 욕망은 수시로 일어났고, 어떤 부분은 제어가 되질 않아 그동안의 공부가 무색해지는 결과로 나타나기도 했다. 특히 어려웠던 것은 희망이 전무한 사형수라는 이름이 주는 무기력감이었다. 부처님 공부를 이어가다가도 ‘이게 나한테 무슨 소용이람, 곧 죽을 놈인데. 대충 살다 가.’ 이런 포기심이 하루에도 몇 번이나 나의 마음을 흔들었다. 공부를 방해하는 사념들이 내가 게으른 틈을 타고 나타난 것이다.

그 무렵, 많은 연세로 거동이 불편하셨던 법사님의 법당 왕래도 뜸해지셨다. 방에서 혼자 하는 공부는 한계에 부딪히는 경우가 많았다. 그동안의 노력이 물거품이 되는 건 아닌지 불안해하면서도 더 정진하지 않는 모순 같은 상황에 빠져 난 정체된 사람이 되어버렸다. 어느 날, 노법사님이 부처님 품으로 돌아가셨다는 비보를 전해 들었다. 그리고 법사님이 남겨진 불자 사형수들의 공부를 위해 불교여성개발원에 도움을 요청한 사실도 알게 되었다. 법당에선 그분을 기리기 위한 추모 법회가 열렸다. 법회를 진행하는 내내

법사님과 함께한 시간들이 떠올라 큰 슬픔을 느꼈다. 나를 사형수가 아닌 사람으로 대해주시고, 부처님의 제자가 되도록 인연의 다리가 되어주신 분, 법사님과 울고 웃었던 수많은 순간…. 무상함이라고밖에 다른 표현을 할 수가 없었다.

새로운 법사님들이 오신다는 말을 들었지만 별다른 기대는 하지 않았다. 어차피 오래 하지 못하고 금방 그만둘 거라는 생각이 강했기 때문이다. 구치소에 있는 사형수를 만나는 일이 마음 내키는 일은 아니지 않은가. 하지만 이런 내 생각은 기우였다. 새로 오신 법사님들과의 인연은 놀라울 정도로 오래 이어졌다. '세상에 이런 분들도 계시는구나.' 할 정도로 한 가족처럼 나를 아껴주셨다.

법사님들의 권유로 나는 천일기도에 들어갔다. 천 일을 채울지는 부처님만 아실 일이고, 나는 허락된 시간 안에서 기도를 이어가 보자는 심정이었다. 기도 때는 매일 법당에 나가 석가모니 부처님을 염송하면서 절을 했다. 흐르는 땀으로 방석이 폭 젖을 정도였다. 물만 마시고 3천 배를 하기도 했다. 절을 하면서 올라오는 부정적인 감정들을 이겨내고 육신의 고통도 참아내니 어느샌가 절을 하고 있다는 생각마저 들지 않았다. 3천 배를 다 했는지 못 했는지는 중요한 사실이 아니었다. 중요한 것은 숫자가 아닌 마음이었으니. 절이 네 시간을 넘어갈 때쯤, 땀과 함께 눈물이 쏟아졌고, 그제야 비로소 내가 무슨 짓을 저질렀는지 뼈에 새겨질 정도로 알게 되었다.

8

사형수는 날씨가 차가워지면 괜스레 몸이 움츠러든다. 아주 예외적인 경우를 제외하고 사형집행은 선선한 계절에 이루어지기 때문이다. 내가 겪은 두 번째 사형집행은 온수 목욕 중에 전해 들었다. 사동 도우미가 놀라 "형, 지금 사형집행 하고 있어요!" 하고 말했다. 나는 태연하게 방으로 돌아와 얼마 남지 않은 짐을 정리하고 깨끗한 모습으로 죽음을 기다렸다. 그때가 이미 사형수로 5년을 보낸 시점이라 나도 집행될 가능성이 꽤 컸다. 방에서 가부좌하고 앉아 조용히 자신을 돌아볼 뿐, 두려움이나 공포는 느껴지지 않았다. 나는 준비가 되어 있었고 마음속으로 감사기도를 쉬지 않았다. 오후가 다 되도록 내 이름은 불리지 않았고, 집행은 끝이 났다. 난 또다시 시한부의 삶을 이어가게 되었다.

9

어느덧 세월은 흘러 2002년이 되었다. 사형수로 산 지도 8년이 넘어가고 있었다. 그해는 월드컵이라는 큰 행사가 있어서 온 지구가 들썩거릴 때였다. 그리고 대통령을 새로 뽑는 해이기도 했다. 사형을 집행하겠다는 한 유력 후보의 발언 후에 사형수들의 사진을 새로 찍는 등 여러 움직임이 있었다. 난 갈 때가 됐음을 알았다. 10년에 가까운 세월을 살아온 것만 해도 기적 같은 일이었다. 그 소중한 시간 덕분에 난 좋은 인연을 만날 수 있었고, 그 인연으로 인해 나를 바로 볼 수 있었다. 부처님의 제자가 된 것은 그 무엇과도 바꿀 수 없는 생애 최고의 선물이었다. '내게 너무 과분한 보석 같은 시간이었다.'라고 마음먹으니 집행이니 뭐니 하는 소리가 더 이상 귀에 들어오지 않았다. 내 죄업의 끝을 다른 이에게 맡겨 죄송한 마음이 컸을 뿐이다.

그해 겨울, 심한 몸살에 걸려 밥도 못 먹고 헛것이 보일 정도로 상태가 나빴다. 12월 30일 새벽엔 온몸에 열이 끓어오르고 식은 땀을 비 오듯 흘렸다. 그때, 옆자리에 있던 동료 수용자가 나를 흔들어 깨웠다. 힘겹게 눈을 떠보니 창문 앞에 직원이 서 있었다. 나는 무슨 일인가 싶어 직원을 쳐다보았다. "○○ 씨, 축하합니다. 감형됐습니다." 하면서 조간신문을 넣어주었다. 거기에 내가 감형된 기사가 실려 있었다. 나는 이 현실이 도무지 믿기지 않았다. '내가? 왜?' 하는 물음만 나왔다.

그날 아침, 나는 아픈 몸이었지만 평소와 같이 부처님 전에 108배를 올리고, 벽에 등을 기대고 앉았다. 지난 8년 6개월의 세월, 인세의 지옥이라는 감옥 안에서 사형수의 신분으로 살아온 시간,

모든 게 주마등처럼 지나갔고 왠지 모르게 그 시간들이 내가 제일 인간답게 살아온 시간이 아닐까 하는 마음이 들었다.

천일기도 막바지에 무기징역으로 감형받고 무기수로 살아온 지도 23년이 되었다. 사형수 때와 합치면 30년 넘게 여전히 감옥 안에서 살아가고 있다. 이제는 이곳에서 살아낸 세월이 밖에서 산 세월보다 많아졌다. 젊은 청년이었던 내가, 60세의 노년이 되었지만 변한 것은 아무것도 없다. 부처님의 커다란 가피를 입은 나는 여전히 『금강경』을 사경하고 법회에 나가 법문을 듣고, 지금도 많이 부족하고 모자란 나를 다듬어가고 있다. 사형수의 굴레에서 벗어난 것은 이렇듯 오래오래 참회하면서 남은 삶을 살아가라는 부처님 뜻이라고 나는 받아들였다. 그것이 내가 살아 있는 유일한 이유일 테니.

언제나 한결같은 모습으로 수용자에게 많은 도움을 주고 계신 스님과 법사님, 그리고 불심회 직원분들께 특별히 마음을 다한 삼배를 올리며 이만 글을 줄인다.

3부

지혜의 거울은 뚜렷이 밝아

자신의 어리석음을 알고 있는 자는

현명한 사람이다.

자신이 현명하다고 착각하는 자가

정말 어리석은 사람이다.

_『법구경』

중앙종회의 장상

향기로운 연꽃으로 피어나길 기도합니다

–

법연성 이종분

국가 공무원 발원문

지심정례공양….

청정한 법신불
원만하신 보신불
천백의 화현으로 부름에 응답해주시는 부처님.
관음의 자비로
보현의 원력으로
문수의 지혜로 중생을 일깨워주시는 부처님.

오늘 저희 수법 제자 이종분(법연성),

부처님의 원력에 지심귀명례 하옵니다.
저희가 드리는 기도와 수행의 가피가
거룩하신 부처님의 어린 제자
속명 ○○○(○○생 음력 ○월 ○일 ○시○분 출생),
불명 용담(龍潭)에게 지혜와 성취의 공덕으로
회향되기를 간절히 발원드립니다.

지금까지의 노력이 바탕을 이루고
남겨진 공부에 마지막까지 최선을 다하니
좀 더 진전을 이루어
이웃을 보호하고 지키는 나랏일을 할 수 있도록
2025년 교정직 공무원 시험에 최종 합격을
간절히 발원드립니다.

우리 아들이 초조함과 불안감에 빠지지 않도록
몸과 마음을 굳건하게 지켜주십시오.
오랫동안 책상에 앉아 눈과 목 부분을 아파합니다.
어미가 곁에서 잘 보필하겠으나
크게 힘들지 않도록 불보살님의 보살핌을 주시어
끝까지 목표한 바 잘 이겨낼 수 있도록 인도하여주시옵소서.

지난 시간 신, 구, 의로 저질러진 모든 업연을 참회하오니,
부처님의 큰 자비심으로 섭수해주시어
오늘 드리는 발원에 장애가 없도록
청정한 회향을 이룰 수 있기를 발원합니다.

더욱 진실한 부처님의 제자로서
이웃과 사회에 도움이 되어
청정한 정토를 이루는 보살이 되기를 발원합니다.

나무 석가모니불
나무 석가모니불
나무 시아본사 석가모니불.

2025년 국가직 공무원 합격 회향문

지심정례공양….

이 마음 지극하여 삼보님께 귀의하옵니다.

저의 작은 원력이 결실을 맺어

아이가 공무원 합격이라는 인연을 얻었사오니,
불보살님의 크나큰 보살핌과
한마음으로 함께 정성을 모아준 모든 분들께
깊은 고마움을 전합니다.

그동안 힘든 시간을 잘 견디어준 아들이
너무 대견하고 사랑스럽습니다.
이제야 활짝 웃으며 행복해하는 벅찬 기쁨을
다 함께 나누어드리고자 합니다.

공무원이라는 치열한 경쟁 채용시험에 맞서
이 순간 이 길을 묵묵히 걷고 있는 수험생에게
합격의 이 공덕을 회향하옵니다.

희망의 꿈 안고 지혜의 빛을 바라보며
포기하지 않고 정진하는 젊은 청춘의 마음을 헤아리어
부처님, 불보살님의 가피력이 늘 함께하시길 바랍니다.

제가 이룬 모든 지혜와 인내의 공덕을
독서실에서, 고시원에서 최선을 다하고 있는
시험 준비생에게 온전히 돌려드립니다.

꿈을 향한 그 마음 흔들림 없는 믿음으로 가득하여
모든 선근 공덕이 당신의 길을 환히 비추어
마침내 합격의 열매로 이어지길 진심으로 발원합니다.

이 마음, 이 발원이 당신의 합격의 길에
향기로운 연꽃으로 피어나길 기도합니다.

원하옵건대, 이 공덕을 다 함께 나누어
모든 이가 뜻을 이루어 공직자로서
청정한 마음을 다하여 이 세상에 꼭 필요한 인재,
행복을 주는 이로운 사람이 되게 하소서.

나무 석가모니불
나무 시아본사 석가모니불
대자대비 나무 관세음보살.

일상발원실천회 회장상

불제자
간절히 발원하옵니다

-

소소 김복순

상단 발원문

시방법계에 두루하신 부처님!
불제자 지극정성으로 발원하옵니다.
항상 큰 은혜 속에서 살게 하시고,
언제나 저희들의 아픔과 고통을 천수천안으로 다 살피시고,
자비로 어루만져주심에 저는 아무런 두려움이 없습니다.
오직 부처님 계셔 열심히 기도 정진할 뿐입니다.

대자대비하신 부처님!
저희 가족 모두는 착하고 지혜로운 불자 되기를 원하옵니다.
서로가 모자라는 것은 채워주고, 어려움을 스승으로 삼고,

육바라밀 닦으며 관세음보살님 닮아가려 하옵니다.

우러러 원하옵건대,
기도 정진 중 저희 가족들 마음속 원하는 일들이
원만 성취되게 하옵고, 언제나 성내지 말게 하여주소서.
어진 효심으로 자비심을 발하게 하시고,
사랑하는 아들딸들이 지혜가 총명하고,
복덕이 구족하여 행복한 삶을 살게 하오며,
이웃 간에 화목한 구도로써 서로 돕게 하시고,
가정과 사회가 평온하게 하여주소서.

다음으로 원하옵기는,
이 몸은 항상 안온하여 마침내 음양의 어긋남이 없고,
수명은 무병장수하며,
여러 생 동안 수많은 죄를 멸하고
여러 겁 동안 이어온 업장을 모두 없애,
현재로부터 미래의 끝에 이르도록
신근(信根)은 더욱 굳혀 생마다 이 법문을 실천하고,
지혜의 거울은 뚜렷이 밝아
세상마다 이 법을 널리 펴서 사천의 지옥을 면하게 하소서.

비록 우리들의 죄가 산처럼 쌓였더라도
우리들의 고통은 눈처럼 녹게 하시어
과보가 다 없어지는 저녁에는 다 같이 아미타불을 뵈옵고
목숨을 마치는 아침에는 극락세계에 함께 나서,
10층의 누각에서는 제각기의 원을 따라 소요하고,
칠보의 연대에서는 여러 부처님과 더불어 유희하게 하소서.

또 원하옵건대,
법계의 망혼들은 부처님의 도우심을 입어
모두 어두운 지옥세계에서 벗어나게 하소서.
그리고 남은 물결이 적시는 곳에는
괴로워하는 무리들이 골고루 목욕케 하소서.

자비하신 부처님!
저 허공은 다함이 있어도 내 발원은 무궁할 것입니다.
저의 기도가 원만 성취되게 하여주옵고,
오늘의 이 공부가 더욱 깊어지며,
세세생생 보살도 행하기를 서원하나이다.

나무 석가모니불
나무 석가모니불

나무 시아본사 석가모니불.

신중단 발원문

우러러 고하나이다.

화엄회상에 운집하신 모든 성현님이시여!

연민의 지극하신 정을 드리우시고 신통력을 놓으시옵소서!

지극한 마음으로 불제자 간절히 발원하옵니다.

부처님 진리를 지키는 신중님의 위신력으로

세상의 복과 좋은 인연 주시어

모든 중생의 삶이 윤택하게 하시고,

부처님 세계를 향한 수행 길에

어리석고 나약한 마음 떨치도록 불퇴전의 용기를 주소서.

원하옵건대,

이 인연공덕으로 저희 집안에 화목한 기쁨이 깃들고

자손들의 앞날에 활기가 넘치며,

복덕이 구족하여 행복한 삶을 살게 하옵고,

이웃 간에 화목한 도반으로써 서로 돕게 하시고,

가정과 사회가 평온케 하여주소서.

원하옵나니,
천룡팔부 신중들은 이내 몸을 옹호하여 잠시라도 뜨지 말고
어려운 일 당하여도 아무 걱정 없게 하며
이와 같이 큰 대원이 이뤄지게 하여지이다.

원제천룡팔부중　위아옹호불리신
어제난처무제난　여시대원능성취

학업·시험·취직·승진 성취 발원문

시방법계에 두루하신 부처님!
불제자 ○○○ 지극정성으로 발원하옵니다.
(주소 ○○○, ○○생, 이름 ○○○)
여러 겁 동안 이어온 업장을 모두 없애,
금번(금일) 학업 도중, 시험 도중, 면접 도중에
무장무애 심신안정 고득점 획득으로
(희망 직장, 직종, 학과, 학위 취득)
무난 합격 발원하옵니다.

저는 이 발원이 부처님의 크신 보살핌으로 성취됨을 믿사옵니다.

화엄 신중님께도 발원하옵나니,

저희 ○○생 ○○○이가 행하는 일마다

천룡팔부 옹호성중 함께하여 힘과 지혜와 용기를 내려주소서.

그리하여 금번(금일) 학업 도중, 시험 도중, 면접 도중에

무장무애, 심신안정, 고득점 획득으로

(희망 직장, 직종, 학과, 학위 취득에)

무난히 합격시켜주소서.

나무 석가모니불

나무 석가모니불

나무 시아본사 석가모니불.

바라밀상

실체 없음에 대한 참회

–

법연성 이동엽

실체가 없음을 깨닫지 못하고, 그것을 지키려 애쓰며 집착한 마음을 참회합니다.

거룩하신 부처님께 귀의합니다.
거룩하신 부처님의 가르침에 귀의합니다.
거룩하신 가르침을 자비로 인도해주시는 스님들께 귀의합니다.

일체의 법을 깨닫게 해주시는 부처님,
무위의 집으로 인도해주시는 부처님,
가난해도 지족한 삶을 통해 평온하게 머물게 해주시는 부처님께 감사와 찬탄을 올립니다.
2,500년 전 보드가야의 보리수 아래에서 깨달으신 그 진리를,

오늘날 우리 삶 속에서도 따뜻한 부처님 이야기로
나눌 수 있는 도량이 있음에 감사합니다.
그 도량은 지친 세상에서 쉬어 갈 수 있는 귀한 공간입니다.

살다 보면 마음속 빛이 사라진 듯, 어둠만이 가득할 때가 있습니다. 회상하고 싶지 않은 지난 시간, 막내아들이 사춘기와 강박으로 힘들어하던 시기를 신행으로 극복한 체험을 불자 여러분과 나누고 싶습니다.

4년 전, 아들이 겪은 격렬한 사춘기의 시간은 아버지로서 참으로 버겁고 어려운 시간이었습니다. 낮에는 잠만 자고, 밤에도 잠깐 공부하다 또 잠들고, 어질러진 방과 무기력한 모습을 지켜보며 짧게나마 부처님 공부를 한 불자로서 화가 치밀곤 했습니다.

그때 법당에 앉아 참회의 시간을 가졌습니다.

'나는 아들에게 성을 내지 않았는가?'

'미운 마음으로 대하지는 않았는가?'

비록 완전하지는 않았지만, 부처님 공부 덕분에 그 마음을 되돌아보고, 지금이라도 수행을 통해 마음을 견고히 다지고, 늘 깨어 있어야겠다는 다짐을 하게 되었습니다.

화가 난 후에는 참회하고 사과하는 자세를 갖기 시작했고, 경전을 읽고 참선을 하면서, 나와 너를 가르지 않고 있는 그대로를 바라보는 연습을 하게 되었습니다.

간절한 마음으로 법당에서 기도했습니다.

"부디 아들이 사춘기를 잘 극복하고, 다른 이에게 기쁨과 믿음을 전하는 사람이 되기를…"

그 순간, 몸 안에서 밝아지는 느낌을 받았습니다.

먼저 내 안의 이기심, 집착을 하나씩 줄이기로 했습니다. 조금씩 예쁜 말을 쓰고, 절에 다녀온 후엔 아들을 위해 기도했다는 말을 건네고, 아들의 말에 귀 기울이며 사랑으로 대하니 서서히 닫혀 있던 아들의 마음도 열리기 시작했습니다.

사랑의 굶주림에서 벗어난 아이는 점차 밝은 얼굴로 먼저 말을 걸어오기 시작했고, 그때부터 진심 어린 대화가 열렸습니다.

스스로 마음을 다잡은 아들은 결국 사춘기를 이겨내고 편입 준비를 시작했습니다. 놀랍게도, 가고 싶어 하던 대학 세 곳에 모두 합격했고, 한 달 동안 행복한 고민을 했습니다. 지금은 전기공학도의 꿈을 안고 열심히 살아가는 아들의 모습을 보며, 기도의 힘과 부처님 가르침의 위대함을 다시금 느꼈습니다.

이제는 모든 것이 실체가 없음을 알아차리며, 진정한 불자의 삶은 '참회'에서 시작됨을 깊이 깨달았습니다.

작은 참회는 커다란 업장을 녹이고, 작은 미소와 대화는 무한한 기쁨과 큰 깨우침을 줍니다. 참회를 통해 자비는 맑고 아름다운 실천의 힘이라는 것을 알게 되었고, 사람은 누구나 다양한 면이 있다는 사실을 마음 깊이 받아들이게 되었습니다.

그 순간부터 누군가를 있는 그대로 받아들이게 되었고, 내 생각으로만 판단하지 않게 되었습니다. 상대의 입장에서 바라보니, 미움은 사라지고 사랑이 자리하였습니다. 그로 인해 세상이 환희로 워졌습니다. 이 모든 것은 진정한 참회의 시간이 있었기에 가능한 일이었습니다.

오늘도 수행을 실천해야 하는 이유는, 마음이 업에 쉽게 끌려 흔들리는 것을 알기 때문입니다. 흔들림 속에서 바른 방향으로 나아가기 위해 잠시 멈추고, 하루 5분이라도 쉬어가며 삶의 균형을 맞추는 지금 이 순간에, 행복을 느낍니다.

대한불교조계종 총무원장 진우 큰스님의 선명상 말씀은 깊은 울림이 되었습니다.

"우선 멈춰라."

"수시로 명상하라."

"내려놔라. 쥐고 있지 마라."

"지나간다. 그냥 두어라."

"감정과 놀지 마라."

이 말씀을 마음에 새기며, 수시로 호흡에 머물고 마음이 흔들릴 때 집착을 내려놓으며 살아가려 합니다. 감정의 소용돌이에 빠지지 않고 삶의 에너지를 회복할 수 있었던 것은 바로 선명상 덕분이었습니다. 이 좋은 수행법이 널리 포교되기를 간절히 발원합니다.

지혜로운 부처님, 세상을 평등하게 바라보고, 인연 따라 일어났다 사라지는 모든 것을 지혜롭게 관찰할 수 있기를 발원합니다.

흔들리는 삶 속에서도 방향성을 잃지 않고, 포기하지 않으며, 평온한 세상을 마주할 수 있기를 발원합니다.

어떤 날은 평온하지 않고, 어떤 날은 평온할 수 있습니다. 그러나 그 모든 것에 기대하지 않고 바라보는 마음을 내기를 발원합니다.

부처님, 제가 모든 대중들을 반야의 배에 승선시킬 수 있도록 힘을 주소서. 가난과 배고픔 속에서도 지족을 알게 해주시고, 이제는 평온하고 안정된 삶을 살아가게 해주신 부처님의 진리를 이 세상에 회향하고자 합니다.

무수히 많은 생에 우리가 쌓은 '인내'의 공덕이 지금의 행운으로 이어졌음을 알게 되었고, 그렇지 않은 날엔 나음 인연을 위한 '인내'임을 깨닫게 되었습니다.

쓴 인연 속에서 부처님의 진리를 배우고자 오계를 지키며, 제불의 가르침을 잊지 않고 항상 자비심을 일으키겠습니다.

하루 5분이라도 맑은 마음으로 명상하며, 불편한 마음을 다스리고, 부처님의 자비를 닮은 수행자가 되어 내 해탈만을 구하지 않고, 일체중생의 안락을 바라는 수행자가 되기를 회향합니다.

힘든 일은 먼저 나서서 행하고, 법우들과는 화합하며, 내 자녀만이 아닌 모든 아이들을 아끼는 지혜를 갖게 되기를 발원합니다.

오늘 마주한 경계를 한 호흡으로 흘려보내며, 청정한 마음으로 하루를 살아가고, 모든 불자들이 선명상을 통해 당당하고 자유로운 삶을 살아가기를 회향합니다.

본래 '나'라고 할 실체도 없고, '내 것'이라 할 것도 없습니다. 따라서 늘 옳다고 여긴 '내 생각'조차 실체가 없다는 것을 깨닫게 되었습니다. 아들을 '내 것'이라 여겨 괴로움을 만든 그동안의 어리석음을 자각하며 참회합니다.

모든 것은 처음부터 단지 '존재'할 뿐이라는 진리를 알아차리며, 앞으로는 자비행 실천인 바라밀 수행을 통해 '나'라는 생각에서 비롯된 괴로움을 내려놓고, 감사의 마음으로 베풀며 법계에 회향하는 삶을 살아가겠습니다.

나무 석가모니불
나무 석가모니불
나무 시아본사 석가모니불.

바라밀상

한마음의 길,
연꽃 위에 서서

연화심 정혜은

자비로우신 부처님 앞에,
백팔 번뇌가 일어나는 이 마음을 조용히 놓고자 합니다.
백담사 일주문 앞에서, 나 자신과의 끝없는 싸움을
되돌아봅니다.
봄날 피어나는 연등 아래에서조차,
제 마음속 어둠은 걷히지 않았습니다.
세상은 고요하고 평화로운데, 왜 제 마음은 늘 흔들리는지요.
연꽃은 진흙에서 피어나되 더러움에 물들지 않듯,
저 또한 번뇌에서 벗어나
스스로의 밝은 마음을 회복하고자 합니다.
이 싸움은 누구와의 경쟁이 아니라,
나의 게으름과 어리석음,

탐욕과 자만,
의심과 두려움과의 오랜 전쟁이었습니다.
때로는 일어서는 것조차 버거웠고,
때로는 내딛는 걸음이 모래 위 발자국처럼
흔적 없이 사라지기도 했습니다.
그러나 오늘, 이 발원을 통해 다시 걷고자 합니다.
불이문(不二門)을 지나,
나와 남이 둘이 아닌 세계,
어둠과 빛이 둘이 아닌 깨달음의 경지로 향하는
수행자의 마음으로 서 있습니다.
단청처럼 정밀한 인내로,
헌공화처럼 자비로운 정성으로,
풍경처럼 고요한 깨어 있음으로,
다시 저 자신을 엮고 다듬으며
이 발원을 바칩니다.

자애로운 부처님이시여,
저는 지금, 제 안의 어리석음과 싸우고 있습니다.
탐진치 삼독(三毒)은 저를 속이고,
제 안의 지혜는 때때로 침묵합니다.
무지의 바다는 깊고,

집착의 불길은 타오릅니다.

그러나 저는 알고 있습니다.

이 싸움은 벌이기 위해서가 아니라,

꺾기 위해 존재한다는 것을요.

어리석음을 꺾고, 욕망을 꺾고,

한 생각의 헛됨을 꺾는 싸움입니다.

저는 팔정도의 여덟 길을 따르며,

바른 견해(正見)로 사물을 보고,

바른 사유(正思惟)로 제 마음을 정돈하고,

바른 말(正語)로 상처를 주지 않으며,

바른 행동(正業)으로 악업을 멀리하고,

바른 생계(正命)로 깨끗하게 살아가며,

바른 노력(正精進)으로 한 생각이라도 더 맑게 다스리고,

바른 마음챙김(正念)으로 날마다 자각하며,

바른 선정(正定)으로 고요하게 나아가겠습니다.

이 여덟 걸음을 걸을 때마다

저의 싸움은 조금씩 가벼워질 것입니다.

저는 그 길 위에 등불을 밝히고자,

지난날의 실수와 후회를 연등으로 삼겠습니다.

연등의 빛이 제 안의 무명을 비추고,

무명의 그림자 속에서 작은 자각이 움트기를 발원합니다.

그리하여 마침내,
이 싸움이 나를 무너뜨리는 것이 아니라,
나를 세우는 바탕이 되기를 기원합니다.
부처님, 저는 우리 민족의 전통 속에서
깨달음의 씨앗을 찾아봅니다.
나 자신과 싸우는 이 여정도,
어쩌면 수백 년을 거슬러 올라가는
한 문화의 맥박과 닿아 있다는 것을 느낍니다.
저는 단청을 떠올립니다.
한 선, 한 색, 한 무늬가
겹치고 또 겹쳐 완성되는 그 형상의 깊이를 보며
저 또한 나 자신을 그렇게 수천 번 되새김질하며
다듬어야 한다는 것을 압니다.
겉모습만 아름다운 것이 아닌,
속뜻까지 정성스레 깎아낸 그 고요한 반복 속에서
저는 마음의 단청을 그리고자 합니다.
풍경이 바람에 울릴 때마다
내 마음도 그 소리에 흔들립니다.
그러나 그 흔들림이 고요로 이어지듯,
저는 마음의 풍경을 달아,
세상의 바람 앞에서도 자리를 지키고자 합니다.

풍경은 바람에 맞서지 않습니다.
그저 바람을 소리로 바꿀 뿐입니다.
저 또한 분노를 자비로,
두려움을 정진으로 바꾸는 지혜를 얻고자 발원합니다.
봄이면 연등회가 열립니다.
수많은 등이 밤하늘에 뜨면,
그 속에 나의 발원도 함께 실려 떠오르길 기도합니다.
내 삶이 타인의 어둠을 비추는 작은 등불이 되기를,
무명의 밤을 건너는 이에게 길잡이가 되기를 원합니다.
조선의 사찰에 놓인 헌공화,
그 자체가 수행이고 기도입니다.
저는 꽃을 엮는 장인의 마음으로
제 하루하루를 살아가고 싶습니다.
욕망으로 흐트러진 나날을,
자비와 정성으로 다시 엮어내고 싶습니다.
그리고 한글.
한 글자, 한 낱말로 마음을 전할 수 있는 이 문자에
저는 깊은 은혜를 느낍니다.
오늘 이 발원도 한글로 엮여 전해지오니,
그 글자마다 진실한 마음이 깃들게 하소서.
오랜 세월, 이 땅의 중생들을 깨우기 위해

목탁을 두드리며 염불을 외던 스님들의 발원처럼,
저 또한 이 글로써 저의 마음을 정리하고
제 삶의 방향을 굳건히 정하고자 합니다.

부처님,
저는 오늘, 전통과 수행을 잇는 다리 위에 서 있습니다.
이 다리가 나에서 우리로,
나의 싸움에서 모두의 평화로 이어지는 길이 되기를 원합니다.
부처님,
저는 이 싸움을 통해 조금은 단단해졌습니다.
나를 이긴다는 것이,
세상을 이기는 가장 깊은 수행임을 이제야 알아갑니다.
그리고 이 싸움의 열매가
오직 나만을 위한 것이 되어서는 안 된다는 것도 배웠습니다.
수미단 위에 놓인 부처님의 법상처럼,
제 마음속에도 작지만 견고한 법의 자리를 만들고자 합니다.
거기엔 교만이 아닌 겸허함이 머물고,
비교가 아닌 평등심이 자리하길 원합니다.
향로에서 피어나는 향처럼,
제 행동과 말에서도 자비의 기운이 피어나길 바랍니다.
이 수행의 길에서 저는 작은 탑을 세웠습니다.

하루하루의 정진이 쌓여

제 안의 어리석음을 조금씩 깎아내는 탑.

비바람에 무너지지 않고,

유혹에 뒤틀리지 않도록,

저는 매일 탑돌이를 하듯 제 마음을 돌아보겠습니다.

가끔은 무너질지라도,

다시 돌을 쌓고,

다시 탑을 세우는 이 과정을

포기하지 않게 하소서.

이 싸움은 결국,

무너지되 다시 일어서는 의지의 반복이었음을 압니다.

절마다 새벽을 여는 북소리와 목탁 소리는

무명에서 깨어나라는 부름입니다.

저도 매일의 시작을 깨어 있는 마음으로 맞이하겠습니다.

하루의 첫 생각부터,

그날의 마지막 고요까지,

저는 수행자로 살겠습니다.

공양간의 밥 한술도

중생의 덕으로 마련되었음을 기억하며,

제 삶의 모든 행위를

중생을 위한 회향으로 돌리겠습니다.

나 하나가 선해짐으로써,

타인이 덜 괴로워질 수 있다면,

그것이 곧 제가 싸워야 할 이유입니다.

현화가 꽃잎 하나로도 향기를 전하듯,

제 수행도 미약하나마 누군가에게 작은 위로가 되기를 원합니다.

이 싸움에서 배운 것을

말이 아닌 실천으로 나누겠습니다.

저의 공덕은 제 것일 수 없습니다.

이 모든 과정을 가능케 한 세상과 인연에

깊이 머리 숙이며,

오늘의 발원을 바칩니다.

부처님,

저는 이제 이 싸움을 온전히 회향하고자 합니다.

이 싸움은 나를 위한 것이 아니었습니다.

나를 극복하기 위함이었고,

나를 극복함으로써, 세상과 더 깊게 연결되기 위함이었습니다.

저의 모든 정진은 이제

고통 속에서 헤매는 중생들을 위한 등불이 되기를 원합니다.

제 마음에 켜진 작은 지혜의 불꽃이

누군가의 어두운 밤을 밝혀주기를 바랍니다.

번뇌의 바다를 건너고 있는 이들에게
제 수행이 작은 배가 되게 하소서.
길을 잃은 마음들에게
이 싸움의 여정이 하나의 등불이 되게 하소서.
오늘 제가 절에 드리는 이 기도는
돌담 위에 앉은 까치처럼 작고 가벼우나,
그 안에 담긴 서원만큼은
천상천하에 울릴 만한 울림이 되기를 기도합니다.

부처님,
제가 살아가며 쌓는 공덕이 있다면,
그 모든 덕을 제 한 몸에 머물게 하지 않겠습니다.
부모님께, 이웃에게,
제가 만난 모든 인연에게,
그리고 만나지 못한 모든 존재에게 회향합니다.
내가 나 자신을 넘어
결국 중생과 함께하는 마음을 품게 하소서.
이 싸움의 종착지는 '승리'가 아니라 '자비'였음을,
제 자신이 매 순간 되새기게 하소서.
마음속의 독화를 뽑아낸 자리에
연꽃이 피어나는 기적을 믿습니다.

고통과 후회, 게으름과 탐심, 그 모든 흔적이
오히려 수행의 거름이 되게 하소서.
저는 다짐합니다.
매일 아침을 수행으로 시작하고,
매일 밤을 감사로 마무리하며,
제 존재 자체가
하나의 기도, 하나의 연등, 하나의 발원이 되게 하겠노라고.
이 싸움은 끝이 아닌 시작입니다.
저 자신을 이긴 오늘이
중생을 위한 내일의 첫걸음이 되기를 바랍니다.
그리하여 마침내,
이 몸, 이 마음, 이 싸움, 이 공덕이
모두 다 연꽃의 자리에 닿아,
부처님의 자비광명 속에
하나의 파장으로 퍼지게 하소서.
願以此功德 普及於一切 我等與衆生 皆共成佛道
원이차공덕 보급어일체 아등여중생 개공성불도.
"이 공덕을 일체 중생에게 두루 회향하여,
나와 모든 중생이 함께 불도를 이루기를 발원하나이다."

大願精誠發願文

伏願三寶垂鑒,十方諸佛攝受,

蒼天在上,神明在旁,

誓以至誠之心,發無上菩提之願。

白雲蒼狗,人生夢幻,

萬象皆空,唯願心堅。

吾等生逢末法濁世,業障深重,福薄緣淺,

然仰三寶之慈光,願轉塵勞為菩提,化煩惱作智慧。

願我一念至誠,

超越百千萬劫之輪迴,

拔濟幽冥,度脫群靈,

即此一心,常與佛心相應。

願生生世世,常值佛日,親近善知識,

不墮三塗,常聞妙法,深入正見,發菩提心,

踐八正道,行六度萬行,廣修供養,普結善緣。

願此功德,迴向法界,盡虛空界無量衆生,

從此發心,誓入無生法忍,究竟菩提果位。

願如金剛,破一切邪見

願如蓮華,不染六塵

願如月輪,普照黑暗

願如香爐,供養十方佛海。

願我一念心香,

馥郁遍界,至誠供佛,亦供列祖列宗,

歷代先靈,怨親債主,皆得離苦得樂,

同生淨土,證無上道。

願大韓佛土,山河壯麗如金剛座,

白頭丹心,續燈不絕

願金剛山靈,護國佑民,

海東聖地,法輪常轉。

願以此發願之德,

不但自利,亦以利他,

同登彼岸,普證菩提。

南無本師釋迦牟尼佛

南無阿彌陀佛

南無觀世音菩薩

南無大勢至菩薩

南無地藏王菩薩

南無十方三世一切諸佛菩薩摩訶薩

十方三寶證明

願心堅固不退轉

如是如是 願願皆成就

불교 발원문 현대어 번역

삼보(부처님, 법, 승가)께서 굽어 살펴주시고,
시방세계(十方世界)의 모든 부처님께서
자비로이 이 발원을 받아주시기를 간절히 기원합니다.
하늘이시여, 부처님이시여, 온 우주가 지켜보는 가운데
저는 일심으로 진실한 마음을 다해,
더없는 깨달음을 향한 큰 서원을 세웁니다.
세상은 흘러가는 구름 같고, 삶은 한바탕 꿈과도 같습니다.
만물은 모두 공(空)하여 사라지나,
저의 마음은 오직 바른 뜻을 향합니다.
저희는 지금 이 혼탁한 말세의 시대에 태어나,
업장이 깊고, 복이 적고, 인연이 박하오나,
삼보의 자비로운 빛을 의지하여, 괴로움과 번뇌를 지혜로 바꾸고
속세의 험난함을 깨달음의 길로 전환하기를 바랍니다.
저의 이 한 마음의 간절한 기도로,
헤아릴 수 없는 오랜 윤회의 고리를 끊고,
어둠 속에 고통받는 영혼들을 이끌어 건지며,
이 마음이 늘 부처님의 마음과 하나 되어 살기를 원합니다.

저는 앞으로 태어날 모든 생에서도
항상 부처님의 가르침을 가까이하며
선한 스승들을 만나고, 악한 길에 떨어지지 않고
훌륭한 법문을 듣고, 바른 진리를 깊이 이해하여
참된 깨달음의 마음을 내며,
팔정도(八正道)를 따라 걷고,
육바라밀(六波羅蜜)을 실천하고,
크게 베풀고, 널리 인연을 맺어
모든 중생과 함께 나아가겠습니다.
이 수행으로 쌓은 공덕을 온 세상에 회향하여,
하늘 끝, 땅 끝, 무한한 세계의 모든 중생이
이 발원과 함께 마음을 일으켜,
진정한 진리의 깨달음에 도달하게 되기를 바랍니다.
제 마음이 금강석처럼 단단하여
모든 삿된 생각을 무너뜨리게 하시고,
연꽃처럼 티 없이 살아
세속에 물들지 않게 하시며,
보름달처럼 어둠을 밝히고,
향로처럼 모든 부처님께 정성스레 공양드리기를 바랍니다.
저의 이 마음의 향이
세상 끝까지 향기로 퍼져 나아가

삼보께는 물론,
조상님들, 조국을 위해 몸 바친 이들,
모든 인연 있는 영혼들과
원한 맺은 이들까지도 함께 극락에 나고 하여
고통을 벗고 편안함을 얻게 하소서.
부디 이 대한민국이
불국토처럼 빛나고,
백두에서 한라까지
자비와 정의의 등불이 이어지며,
금강산의 정기가
이 나라를 지켜주시고
이 땅에 법(佛法)의 바퀴가 끊이지 않고 굴러가게 하소서.
이 발원의 공덕으로
저 홀로 행복을 누리려 하지 않고,
모든 중생과 더불어
해탈의 언덕에 함께 오르고,
다 함께 부처님의 깨달음을 이루기를 발원합니다.
나무 본사 석가모니불
나무 아미타불
나무 관세음보살
나무 대세지보살

나무 지장보살

나무 시방삼세 모든 부처님, 보살님, 큰 성자님들께

이 마음을 바칩니다.

온 우주의 삼보께서 이 서원을 굳건히 증명하여주시고

저의 발원 또한 끝내 흔들림 없이 이루어지기를

진심으로 기원합니다.

이 모든 뜻이 그대로 이뤄지기를 간절히 바라오며

자비의 빛으로 감싸주시옵소서.

특별상

참회 발원문

-

김○○

대자대비하신 부처님께 발원하옵니다.

온 세상에 청정하신 길을 열어주신 부처님, 이 중생은 지난날 지은 죄가 너무 많아서 부처님의 한량없는 서원을 받들고자 두 손 합장하여 참회의 기도를 올립니다.

이 중생은 아직도 갈 길을 찾지 못하여 온갖 번뇌 망상을 비우지 못해 헤매이고 있습니다. 부처님의 한량없으신 가피로 인하여 무명의 길을 헤쳐나갈 길을 밝혀주십시오.

대자대비하신 부처님, 이 중생은 진정한 마음속에서 한 줄기 향을 부처님께 올립니다. 바라옵건대, 이 중생이 대자대비하신 부처님 전에 참회의 기도를 올릴 수 있도록 가피를 주시옵소서.

1. 이 중생은 - 마음속 깊이 참회합니다.

어리석게 남의 것을 탐하고 마음의 상처를 드린 것에 대하여 온 육신으로 참회의 기도를 올립니다.

2. 이 중생은- 제 자신의 의지가 약하여 순간의 감정을 억제하지 못하고 마음의 상처를 드린 것에 대하여 참회의 기도를 올립니다.

3. 이 중생은- 제 자신의 끝없는 거만함으로 인하여서 남을 의심하고 업신여긴 것에 대해 참회하며 기도를 합니다.

4. 이 중생은- 제 자신만을 위해 친구, 지인에게 거짓말하여 피해를 입힌 것에 대하여 참회의 기도를 올립니다.

5. 이 중생은- 남을 유혹하여 쾌락을 누리고자 제 자신의 양심을 속인 것에 대해 참회의 기도를 올립니다.

6. 이 중생은- 이 세상에 저를 나게 하여주신 부모님의 은혜에 대해 단 한 번의 효행을 실천하지 못한 것에 대하여 참회의 기도를 올립니다.

7. 이 중생은- 남의 아픔을 보고도 외면한 채 제 자신의 양심을 속인 것에 대해 참회의 기도를 올립니다.

8. 이 중생은- 노력하지 않은 채 나무 그늘 아래에서 게으름을 피우며 남에게 도움을 주지 못한 것에 대해 참회의 기도를 올립니다.

9. 이제- 이 중생은 제 자신의 앞날에 어떠한 시련이 오더라도 인내로써 이겨내어서 성실하게 살아갈 것을 맹세하고 기도합니다.

이 중생의 발원으로 인해 한순간 죄를 짓고서 사랑하는 가족들과 헤어져서 힘들고 외로운 삶을 살아가는 모든 중생들이 부처님의 가피로 인하여 새사람으로 거듭 태어나서 사바세계의 모든 중생들을 돕는 데 일조할 수 있기를 바라는 심정으로 참회의 발원문을 올립니다.

대자대비하신 부처님, 이 중생은 이제 앞만 보면서 남에게 피해를 주지 않을 것이며, 꿋꿋하게 '우보천리'의 마음으로 정도의 길을 걸으며 항상 참회하고, 남은 여생을 인간답게 살 것을 대자대비하신 부처님께 참회의 기도를 올립니다.

나무 석가모니불
나무 석가모니불
나무 시아본사 석가모니불.

부처의 생각을 해야 부처가 됩니다

1판 1쇄 인쇄 2026년 2월 5일
1판 1쇄 발행 2026년 2월 20일

엮은이 《법보신문》 편집국
발행인 원명

대표 남배현
본부장 모지희
편집 손소전 김옥자 정소연
디자인 정면
경영지원 허선아

펴낸곳 조계종출판사
주소 서울시 종로구 삼봉로 81 두산위브파빌리온 1308호
전화 02-720-6107
전송 02-733-6708
이메일 jogyebooks@naver.com
등록 제2007-000078호(2007.04.27)
구입문의 불교전문서점 향전(www.jbbook.co.kr) 02-2031-2070

ISBN 979-11-5580-269-4 03220

책값은 뒤표지에 있습니다.

신행수기·발원문 공모 안내

불자님들의 지극한 신심과 가피 이야기를 담은
신행수기·발원문 공모는 해마다
부처님오신날을 앞두고 진행됩니다.

공모 기간
매년 9월경 시행

공모 자격
조계종 신도증을 소지한 불자님

공모 메일
sugi@beopbo.com

문의
법보신문 02)725-7014